e+p 29

Hallenbäder und Hallenfreibäder

Herausgegeben von Paulhans Peters

Entwurf und Planung

Dietrich Fabian

Hallenbäder und Hallenfreibäder

Verlag Georg D. W. Callwey München

Die veröffentlichten Planungen enthalten keine Nachricht über die
Ausführung oder über die Placierung bei Wettbewerben. Die Angaben zum
umbauten Raum entsprechen dem tatsächlichen Volumen, ohne Abzüge.

ISBN 3 7667 0332 3
© 1975 by Verlag Georg D. W. Callwey, München
Alle Verlagsrechte vorbehalten, auch die des auszugsweisen Abdruckes,
der fotomechanischen Wiedergabe und der Übersetzung.
Umschlaggestaltung des Reihentitels: Rudolf Huber-Wilkoff, München
Gesamtherstellung: Druckerei Ludwig Auer, Donauwörth
Printed in Germany

Inhaltsverzeichnis

Vorwort	7
Funktionsgerechte und wirtschaftliche Bäder-, Sport- und Freizeitbauten (IAB — DIfBSF — DSV)	8
Literatur	9
Hallenbäder, Forschungsprogrammentwürfe IAB/DIfBSF/DSV	10
Privathallenbad am Zwischenahner Meer	12
Privathallenbad in Oldenburg	13
Schulhallenbad in Ritterhude	14
Schulhallenbad in Wesermünde	15
Schulhallenbad in Sandkamp	16
Hallenbad in Nörten-Hardenberg	17
Hallenbad in Hude	18
Hallenbad in Dietenhofen	19
Hallenbad in Merzhausen	20
Hallenwellenbad in Treuchtlingen	22
Hallenbad in Dossenheim	24
Hallenbad in Sundern	25
Hallenbad in Neumarkt/Oberpf.	26
Hallenbad in Hannover-Nord-Ost	27
Hallenbad der Freiburger Turnerschaft	28
Hallenbad in Kornwestheim	30
Hallenbad in Bad Reichenhall	32
Hallenbad in Helmstedt	34
Hallenbad in Trier-West	35
Hallenbad in Dudweiler	38
Universitätshallenbad in Kiel	40
Stadionhallenbad in Hannover	42
Vereinsschwimmhalle in Bonn-Nord	44
Hallenbad in Berlin Schöneberg	46
Hallenbad in Burghausen	48
Hallenbad in Budweis/CSSR	50
Hallenbad in Bayreuth	52
Schul- und Sporthallenbad in Wuppertal	54
Hallenbad in Heidenheim	56
Schwimmleistungszentrum in Heidelberg	58
DSV-Leistungszentrum Schwimmen in Köln	60
Hallenbad in Zürich-Oerlikon	62
Olympia-Schwimmhalle in Tokio	64
Olympia-Schwimmhalle in München	66
Freizeitzentrum Miramar in Weinheim	69
Hallenfreibäder, Forschungsprogrammentwürfe IAB/DIfBSF/DSV	70
Hallenfreibad Motel Lardhaus Giswil, CH	74
Hallenfreibad in Mauerkirchen	75
Hallenfreibad in Bederkesa	76
Hotelallwetterbad in Vitznau, CH	78
Allwetterbad in Unterlüß	79
Hallenfreibad in Bad Krozingen	80
Hallenfreibad in Diekirch	82
Hallenfreibad in Bad Dürrheim	84
Hallenbad in Tapiola	86
Hallenfreibad in Germersheim	88
Hallenfreibad im Freizeitzentrum in Bad Münstereifel	90
Hallenfreibad in Bornheim	92
Hallenfreibad in Denzlingen	94
Hallenfreibad in Bad Neustadt/S.	96
Wellen-Hallenfreibad in Bad Pyrmont	98
Hallenfreibad im Schul-, Bäder-, Sport- und Freizeitzentrum in Soltau	100
Hallenfreibad in Einbeck	102
Hallenfreibad in Freiburg-Haslach	105
Hallenfreibad in Rotenburg Wümme	106
Hallenfreibad in Garmisch-Partenkirchen	107
Allwetterbad in Rülzheim	108
Hallenfreibad in Heide/Holst.	110
Allwetterbad in Regensburg	112
Hallenfreibad in Freiburg-West	114
Freizeitzentrum Revierpark Nienhausen	115
Freizeitzentrum Hachioji/Japan	119

Vorwort

Während der 12jährigen Laufzeit des Goldenen Planes der Deutschen Olympischen Gesellschaft in den Jahren 1960—1972 wurden 12 000 Turn- und Sporthallen, 1840 Hallenbäder (einschließlich Lehrschwimmbäder) und 9800 Sportplätze und Schulsportplätze errichtet. Der weitere Fehlbestand an Turn- und Sporthallen liegt etwa in der gleichen Größe, der der gedeckten Schwimmstätten bei ca. 1000 Projekten. Wegen der Notwendigkeit einer ganzjährigen Nutzung in unseren mitteleuropäischen Klimabedingungen wird der Zug zu gedeckten Sportstätten immer deutlicher. Im Sportstättenbau der letzten Jahre ist eine stürmische Entwicklung zu verzeichnen. Besonders betroffen ist der Bäderbau. Sie bezieht sich auf die erweiterten Funktionen bei wesentlich größerer Inanspruchnahme als früher, auf die Fortentwicklung der Technik und auf die mit beiden in Zusammenhang stehende bessere Möglichkeit, ein Bad wirtschaftlicher zu betreiben als früher. Wesentlichen Anteil an dieser Entwicklung haben im internationalen Raum die Internationale Akademie für Bäder-, Sport- und Freizeitbau (IAB) und im nationalen Raum das Deutsche Institut für Bäder-, Sport- und Freizeitbauten (DIfBSF) und als zuständiger Sportfachverband der Deutsche Schwimm-Verband (DSV) in Forschung und Praxis (siehe Seiten 10 und 70). Die Entwicklung von der früheren Badeanstalt mit räumlicher und zeitlicher Beengung zum neuzeitlichen Freizeitbad für jedermann vom Kleinkind bis zum älteren Menschen mit Vielseitigkeit und Großzügigkeit, läßt sich bei allen für diese Veröffentlichung ausgesuchten Objekten, von denen fast keines älter als 5 Jahre ist, deutlich ablesen. Folgende Planungsprinzipien wurden hierbei berücksichtigt:

1. Richtiger Standort und angemessene Größenordnung unter Zugrundelegung der Orts-, Regional- und Landesplanung.
2. Möglichst große Vielseitigkeit des Programms für die Nutzung vom Kleinkind bis zum alten und behinderten Menschen.
3. Richtige Grundrißlösung mit direkter Zuordnung der Einzelteile, mit kurzen Wegen und guter Betriebsübersicht, geringem Personalaufwand bei weitgehender Selbstbedienung der Badegäste mit möglichst unghindertem Freizeitbetrieb und unbegrenzter Badezeit unter Beachtung wirtschaftlicher Betriebsführung.
4. Angemessene Eintrittspreise.
5. Richtig angesetzte Öffnungszeiten unter Beachtung der Funktionen für Einzel-, Gruppen- oder Mischbetrieb, aber auch einer vertretbaren Gesamtwirtschaftlichkeit.
6. Gute innere und äußere Architektur.

Der Planungsablauf beginnt mit der Größenbestimmung. Sie muß in richtiger Relation zu den Erfordernissen des Einzugsbereiches stehen und setzt eine genaue Bestands- und Bedarfsanalyse voraus. Danach werden Grundstücksgröße und Größe der Wasserfläche bestimmt. Auf letztere beziehen sich fast alle weiteren Größenfestlegungen. Bei der Auswahl des Programms ist streng darauf zu achten, daß die Belange aller Benutzer und Benutzergruppen in jedem Bad angemessen berücksichtigt werden, wobei in der Gewichtigkeit die Allgemeinheit, die Schule und der Sport in dieser Reihenfolge zu berücksichtigen sind. Mehrfachnutzung von Räumen und Flächen erhöhen die Wirtschaftlichkeit beträchtlich und damit die Bereitschaft seitens des Bauherrn, ein vielseitiges Raumprogramm zu wählen.
Hierfür ein Beispiel: Kleinkinder-, Alten- und Behindertenbeckenraum für:

1. Vorschulischen Schwimmunterricht (neue Forderung, jedes Kind muß schwimmkundig in die Schule kommen).
2. Für Kleinkinder zum Spielen und Plantschen.
3. Für ältere Menschen zum Schwimmen und Baden.
4. Für behinderte Menschen zum Schwimmen und Üben.
5. Für Leistungssportler zum Aufwärmen und Bewegen.
6. Kampfrichter- bzw. Schulungsraum für Wettkämpfe und Lehrgänge.

Technische Voraussetzungen: Höhenverstellbarer Beckenzwischenboden für unterschiedliche Wassertiefen von ± 0 bis 1,35 m und höhere Luft- und Wassertemperatur bis 33° C. Wirtschaftlich möglich durch Begrenzung der Anlage in einem kleinen Raum. Ein weiteres Beispiel für Mehrfachnutzung ist die mobile Überdachung von Allwetterbädern, wobei eines oder mehrere Becken sowohl dem Winter- als auch dem Sommerbetrieb dienen.

Außer diesen Neuerungen sind in die Programme von Bädern im Gegensatz zu früher folgende Gesichtspunkte und Teile aufgenommen worden: Wo immer bei entsprechender Größe des Einzugsbereiches und Finanzierbarkeit möglich, eine Vierbeckenlösung mit getrennten Bereichen für Kleinkinder, Nichtschwimmer, Schwimmer und Springer; eine in den Gesamtbetrieb einbezogene Doppelsauna zur Verbreitung dieser aus gesundheitlichen Gründen wichtigsten Bäderart, Fitness-, Spiel-, Aufenthalts-, Ruhe-, Restaurations- und Leseräume; Einrichtungen zur Erzeugung von Wellen, vornehmlich in Bädern der Nah- und Ferienerholungsgebiete; vereinfachte, jedoch kapazitätsreiche und variablere Umkleidesysteme; Kassen- und Kontrollsysteme in Selbstbedienung mit gleitender Aufsicht durch Markengeber-, Drehkreuz- und Pfandschloßanlagen und zahlreiche weitere, besonders technische Neuentwicklungen, wie Hubböden und Teilhubböden zur Erzielung unterschiedlicher Wassertiefen, Beckenteiler (Klappwände, Hubwände, fahrbare Brücken), neue Beckenwasser-Durchströmungsprinzipien (System der Strahlenturbulenz) und Beckenrandlösungen (modifizierte Finnische Überflutungsrinne mit günstigen Bemessungsgrundlagen, wie für Beckenwasser-Zwischenspeicher), Zuschaltung von Ozonstufen zur Verbesserung der Wasserqualität usw.

Alle diese Gesichtspunkte muß der Planer neuzeitlicher Bäder berücksichtigen. Er fand sie bisher noch nicht alle in der Literatur (die neuen Bäderbaurichtlinien wurden erst z. T. veröffentlicht und werden wie Band 1 des Standort-Handbuches „bäderbauten-aquatic buildings" erst im Laufe des Jahres 1975 erscheinen). Mit dieser Veröffentlichung in der Reihe e + p erhält er eine wertvolle Planungshilfe, da die ausgewählten Objekte die neue Entwicklung bereits berücksichtigen. Unsere Beispiele sind bei den öffentlichen Bädern nach den vier möglichen Größenordnungen für Einzugsbereiche mit ca. 10 000, ca. 20 000, ca. 30 000 und ca. 50 000 Einwohnern geordnet (vgl. auch Forschungsprogrammentwürfe Seiten 10 und 70) und in Hallenbäder- und Hallenbad-Freibadkombinationsanlagen unterteilt wegen der zum Teil unterschiedlichen Entwurfsbedingungen.

Bei Bäderplanungen ist ein hoher Entwicklungsstand erreicht und werden endlich streng wissenschaftliche und wirtschaftliche Maßstäbe angelegt. Grenzen sind wie bei allen hochtechnisierten Anlagen durch einen relativ hohen Betriebs- und Unterhaltungskostenaufwand gesetzt. Die Entwicklung zielt in Richtung Verringerung des Energieaufwandes (z. B. Wärmerückgewinnung) und damit zur Ermöglichung noch mehr erforderlicher Großzügigkeit bei wachsenden Freizeitansprüchen der Menschen.

Funktionsgerechte und wirtschaftliche Bäder, Sport- und Freizeitbauten (IAB-DIfBSF-DSV)

Mit dem Ziel, Sport- und Erholungsstätten funktionell besser und wirtschaftlicher als bisher bauen und betreiben zu können, läuft seit 10 Jahren ein Forschungswerk der Internationalen Akademie für Bäder-, Sport- und Freizeitbau des gleichnamigen Deutschen Instituts und verschiedener nationaler Schwimm-Verbände in Verbindung mit kommunalen oder privaten Bauträgern. Grundlage dieser Arbeit bildete eine Dokumentation zahlreicher in Betrieb befindlicher in- und ausländischer Projekte. Auf dem Bädersektor wurden über 2000 Anlagen untersucht und ausgewertet. Es schloß sich die Entwicklung von Bauteilen aller wichtigen, in einem Bad vorkommenden, Bereiche an: Eingangsbereich, Umkleidebereich, Sanitärbereich, Saunabereich, Fitnessbereich, Aufenthaltsbereich, Wasserflächenbereich, Restaurationsbereich und Technikbereich. Das Forschungsgremium stellte dann Raumprogrammentwürfe für Hallenbäder, Freibäder, Hallenfreibäder und kombinierte Anlagen her. Sie wurden in zahlreichen Fällen zur Grundlage von Architektenwettbewerben, Einzelaufträgen oder Generalunternehmerverfahren. Inzwischen reicht die Weiterentwicklung der Bauteile bis in die Details (z. B. Entwicklung von Kassen- und Kontrollanlagen, eines sparsamen und funktionsgerechten Garderobendoppelschrankes, von Hubböden für unterschiedliche Wassertiefen von Startanlagen, von Beckenrandkonstruktionen, von Sprunganlagen, von Kinderbecken, von Beckendurchströmungssystemen usw.). Über 200 Beispielobjekte innerhalb der Forschungsreihe entstanden und entstehen im nationalen und internationalen Raum, in der Größenordnung vom Dorfbad bis zur Olympia-Schwimmhalle. Die Betreuung des Bauherrn reicht von der Bestands- und Bedarfsfeststellung am Ort und im Raum, der Standortsuche, der detaillierten Raumauswahl, der Beratung des Architekten, des Bauamtes oder Generalunternehmers während der gesamten Planungs- und Bauzeit bis zur Beratung des Bauherrn auch während der ersten drei Betriebsjahre. Der Bauherr verpflichtet sich, die detaillierten Betriebsergebnisse in das Forschungsvorhaben einzubringen, um Weiterentwicklungen zu ermöglichen.

Die Vorschläge für die Funktionszusammenhänge in den Programmentwürfen berücksichtigen einen klaren Betriebsablauf, gute Übersichtlichkeit, kurze Wege für Gäste und Personal, geringen Personalstand, ausreichende Kapazität und Variabilität, richtige Zuordnung der einzelnen Teile, konzentrierte Technik und die Möglichkeit einer einwandfreien Betriebsbeurteilung, zusammengefaßt: Funktionsgerechten und wirtschaftlichen Bau und Betrieb. Dadurch ist der Bauherr weitgehend vor funktionellen und besonders wirtschaftlichen Fehlschlägen gesichert.

Gemäß neuer Erkenntnisse und Richtlinien werden hier für die Planung von Hallenbädern und kombinierten Hallenfreibädern (S. 70) Raumprogrammentwürfe aus dem Forschungswerk für 4 verschiedene Einzugsbereichsgrößen dargestellt: ca. 10 000, ca. 20 000, ca. 30 000 und ca. 50 000 Einwohner. Zu erkennen sind die immer wieder gleichen oder ähnlichen Bauteile, je nach Bedarf in mehr oder weniger großer Anzahl, die Zuordnungsprinzipien und die jeweils vollzähligen Programme. Alle Bauteile sollten in einem Hallenbad oder Hallenfreibad vorkommen. Wenn die Finanzdecke nicht reicht, dann sollte die nächst niedrige Größenordnung gewählt und nicht das Programm an der einen oder anderen Stelle gekürzt werden.

Gleichzeitig stellt das Forschungswerk einen wesentlichen Beitrag zur Elementbauweise (internationales Rastermaß 6 m) dar, führte jedoch, wie an zahlreichen Wettbewerbs- und Bauergebnissen ablesbar, zu individuellen, voll funktionsfähigen Bauwerken und nicht etwa zur Monotonie. Die Programme der Raumprogrammentwürfe sind durch Bauteile und Systematik bedingt in jedem Falle auf die örtlichen Verhältnisse anwendbar (vgl. „Sport + Bäderbauten" 4-73, S. 408, Bauteile und Konstruktionsdetails in: „bäderbauten-aquatic buildings", Bd. 1, 1975, Callwey-Verlag, München).

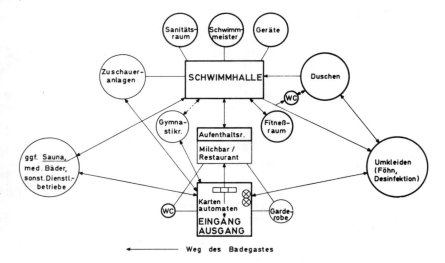

← Weg des Badegastes

Literatur

Aue: „Vorschulischer Schwimmunterricht" in: Protokoll „Internationaler Kongreß Bäder-, Sport- und Freizeitbauten", IAB/DlfBSF/DSV Heidelberg 1973, S. 101

Bauermeister: „Neue Lehrmethoden und ihre Auswirkungen auf den Schwimmstättenbau" in: Protokoll „Weltkongreß Sport-, Bäder- und Freizeitbauten" IAB/CSSRSA, Prag 1969, S. 101

„In der Badewanne fängt es an", 2. Auflage, München 1974

DGfdB/DSV/DSB: Richtlinien für Bäderbau, ersch. 1975, Vorveröffentlichungen:
Richtlinien für Bäderbau, Abschnitt 1, Rahmen- und Bedarfsplanungen, in: „Sport + Bäderbauten" 3/71, S. 309
Richtlinien für Bäderbau und Bäderbetrieb, Abschnitt Technik, Wasseraufbereitung in: „Sport + Bäderbauten" 3/71, S. 303
Richtlinien für Bäderbau, Planungsrichtwerte für Hallenbäder, in: SBB 5/73, S. 713
Richtlinien für Bäderbau, Richtwerte für Freibäder, in SBB 3/74, S. 332
Richtlinien für Bäderbau, Abschnitt Technik, Heizung, Lüftung und Elektrotechnik, in: SBB 6/73, S. 911

DOG: Städtebauliche Richtlinien für Erholungs-, Spiel- und Sportanlagen für Gemeinden bis zu 5000 und über 5000 Einwohnern, 1956 und 1959
Zweite Fassung Städtebauliche Richtlinien für Erholungs-, Spiel- und Sportanlagen, 1967
Dritte Fassung Städtebauliche Richtlinien für Erholungs-, Spiel- und Sportanlagen, ersch. 1975

DSV: DSV-Bäderbauseminare 1964—66, Bremen, 1966
Allgemeine Wettkampfbestimmungen, 1973

IAB/DlfBSF/DSV: Schriftenreihe Bäder-, Sport- und Freizeitbauten 1965—1975

IAB: Protokoll Internationales Seminar Bäder-, Sport- und Freizeitbauten IAB/DlfBSF/DSV Dillingen/Saar 1971

IAB: Protokoll Internationaler Kongreß Bäder-, Sport- und Freizeitbauten IAB/DlfBSF/DSV 1971, Karlsruhe

IAB/SVG: Protokoll Weltkongreß Bäder-, Sport- und Freizeitbauten IAB/SVG 1971, Basel
Protokoll Weltkongreß Bäder-, Sport- und Freizeitbauten anläßlich der Olympischen Spiele 1972 IAB/DlfBSF/DSV, München/Regensburg

IAB: Protokoll Tagung kommunaler Sportstättenbau IAB/DlfBSF/DSV, kommunale Spitzenverbände, Wuppertal/Köln, 1973
Protokoll Internationale Tagung kombinierte Sport- und Bäderbauten IAB/DlfBSF/DSV/SVG/VÖS/ÖBJ/BSV, Bad Reichenhall 1973
Protokoll Internationaler Kongreß Bäder-, Sport- und Freizeitbauten IAB/DSV Heidelberg/Bad Krozingen/Freiburg 1973
Protokoll Internationales Bäderbauseminar Constructa IAB/DlfBSF/DSV 1974
Protokoll Internationales Seminar Wellenbäder und Hallenfreibäder Bad Pyrmont, IAB/DlfBSF/DSV 1974

Fabian: bäderbauten-aquatic buildings, Callwey-Verlag, München,
Band 2 Beispiele, Richtlinien, 1970, 498 S.;
Band 1 Entwurf, Konstruktion und Detail, ersch. 1975
Schwimmen im Haus, Callwey-Verlag, München 1973, 3. erw. Auflage, 196 S.
Moderne Schwimmstätten der Welt, Carl Schünemann-Verlag, Bremen, 1966, 6. erw. Auflage, 170 S.
Bäder, Handbuch für Bäderbau und Badewesen, Callwey-Verlag, München, 1960, 440 S.
Bedarfs- und Entwurfsgrundlagen für den Bau von Hallenbädern, in: SBB 6/71, S. 771 f.
Funktionsgerechte und wirtschaftliche Bäder-, Sport- und Freizeitbauten, Internationale Bau- und Betriebsforschungsserie IAB/DlfBSF/DSV, in: SBB 4/73, S. 408—416

Fabian: Wandelbare Bäder — Convertible Pools, Blackpool 1971 in: SBB 4/71 S. 475—513
Neue Entwurfsgrundlagen für den Bau von Hallenbädern und Freibädern, in: Protokoll Tagung kommunaler Sportstättenbau Wuppertal/Köln, kommunale Spitzenverbände IAB/DlfBSF/DSV 1973, S. 41—96
Entwurfsgrundlagen wandelbare Bäder — Design Convertible Pools in: SBB 6/73, S. 792—823
Neue Entwurfsgrundlagen für den Bau von Hallenfreibädern, in: Protokoll Kombinierte Sport- und Bäderbauten, Internationale Tagung Bad Reichenhall, IAB/DlfBSF/DSV 1973, S. 51
Hallenfreibäder, in: SBB 5/73, S. 652—692
Entwurfsgrundlagen Wandelbare Bäder, in: SBB 6/1973, S. 792—832
Neue Forschungsprogrammentwürfe für Freibäder und Hallenfreibäder, in: Protokoll Internationales Seminar Bäder-, Sport- und Freizeitbauten IAB/DlfBSF/DSV, Constructa 1974 Hannover, S. 30
Entwurf und Betrieb von Hallenfreibädern, in: Protokoll Internationales Seminar Wellenbäder und Hallenfreibäder IAB/DlfBSF/DSV Bad Pyrmont 1974

Krieger/Fabian: Sportstätten und Schwimmstätten im Großherzogtum Luxemburg, Grundsatzstudie zur Ermittlung von Bestand, Bedarf und Kosten, 1967

Rost: Bäderplanungen im Rahmen von Regionalplänen, in: Protokoll Weltbäderkongreß Sindelfingen, IAB 1970, S. 36—50
Bäder in Orts- und Regionalplanung, in: Protokoll Weltkongreß Bäder-, Sport- und Freizeitbauten IAB/ERLA, Garmisch-Partenkirchen, 1974

Schley: Bäder und Badeanstalten, C. Scholtze-Verlag, Leipzig, 1909

Störmer: Hallenfreibäder, in: Bäderbauseminar Constructa, Deutsche Messe, Hannover, IAB/DSV, 1970, S. 43
Planung und Konstruktion von Wellenbädern, in: Protokoll Weltkongreß Bäder-, Sport- und Freizeitbauten in München/Regensburg anläßlich der Olympischen Spiele 1972, IAB/DlfBSF/DSV
Entwurf und Konstruktion von Wellenbädern, in: Protokoll Internationales Seminar Wellenbäder und Hallenfreibäder IAB/DlfBSF/DSV, Bad Pyrmont, 1974

Trachsel/Fabian: Freizeitbauten, Stand und Entwicklung, in: SBB 2/72, S. 184—254 und 3/72, S. 330—395

Abkürzungen:

DGfdB = Deutsche Gesellschaft für das Badewesen
DlfBSF = Deutsches Institut für Bäder-, Sport- und Freizeitbauten
DOG = Deutsche Olympische Gesellschaft
DSB = Deutscher Sportbund
DSV = Deutscher Schwimm-Verband
ERLA = Europäische Freizeitgesellschaft
IAB = Internationale Akademie für Bäder-, Sport- und Freizeitbau
SBB = Internationale Fachzeitschrift „Sport + Bäder + Freizeitbauten"
SVG = Schweizerische Vereinigung für Gesundheitstechnik

Mit dem Forschungswerk Bau und Betrieb funktionsgerechter und wirtschaftlicher Bäder-, Sport- und Freizeitbauten ist die Zentrale Beratungsstelle für den kommunalen Sportstättenbau 874 Bad Neustadt /S., Marktplatz 27, Telefon 09771/55 55, beauftragt. Darüber hinaus berät diese Stelle in allen Fragen des Baus, Betriebs und der Wirtschaftlichkeit auf dem genannten Bäder-, Sport- und Freizeitbautensektor.

Hallenbäder, Forschungsprogrammentwürfe IAB/DIfBSF/DSV

Bis auf die Sonderfälle mit Verlängerung (50 m) und Verbreiterung (16,66 und 21 m) des Schwimmerbeckens sollen für die angestrebte unbegrenzte Badezeit Garderoben-Aufbewahrungsplätze etwa im Verhältnis 1 Garderobenschrank auf 1 m² Wasserfläche vorgesehen werden. Für jede Wasserflächen-Übungseinheit (ca. 150 m²) soll ein Duschraum mit 10 Duschköpfen vorhanden sein. Die Sauna soll wie beim Raumprogrammentwurf 3 anschließend an die Eingangshalle gelegt werden aus Gründen der Aufsicht. Die einzelnen Umkleide- und Sanitärteile sollen mit möglichst kurzen Wegen direkt den einzelnen Wasserflächen-Übungseinheiten zugeordnet sein. Raumprogrammentwurf 1 für Einzugsbereiche bis zu 10 000 Einwohner mit 2 Wasserflächen-Übungseinheiten für 60 Schulklassen, wenn eine wöchentliche Schwimmstunde zugrunde gelegt wird, was anzustreben ist, mit ca. 8400 m³ umbautem Raum und ca. 1325 m² bebauter Fläche. Raumprogrammentwurf 2 für Einzugsbereiche bis ca. 20 000 Einwohner mit 3 Wasserflächen-Übungseinheiten für 90 Schulklassen, mit ca. 12 000 m³ umbautem Raum und ca. 1860 m² bebauter Fläche. Programmentwurf 3 für Einzugsbereiche mit ca. 40 000 Einwohnern und bis 120 Schulklassen mit 4 Wasserflächen-Übungseinheiten mit ca. 16 960 m³ umbautem Raum und ca. 2455 m² bebauter Fläche. Raumprogrammentwurf 4 für Einzugsbereiche mit ca. 50 000 Einwohner und 120 oder 150 Schulklassen mit 4 bzw. 5 Wasserflächen-Übungseinheiten mit Unterbringung von 3 bzw. 4 Wasserflächen-Übungseinheiten im 50 m-Becken bei umbautem Raum von ca. 24 000 m³ und bebauter Fläche von ca. 3200 m².

A
1 Eingangshalle
2 Milchbar
3 Kinderspielraum
4 Kinder-, Alten- und Versehrtenbecken
5 Aufenthaltsraum für Badegäste
6 Schwimmeister
7 Personal
8 Behinderte
9 Umkleiden
10 Technik
11 Geräte
12 Fitneßraum
13 Variobecken

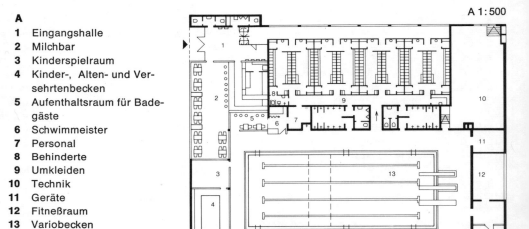

A 1:500

B
1 Eingangshalle
2 Personal
3 Milchbar
4 Schwimmeister
5 Kinderspielraum
6 Kinder-, Alten- und Versehrtenbecken
7 Aufenthaltsraum für Badegäste
8 Behinderte
9 Umkleidebereich
10 Technik
11 Fitneßraum
12 Geräte
13 Springerbecken
14 Variobecken

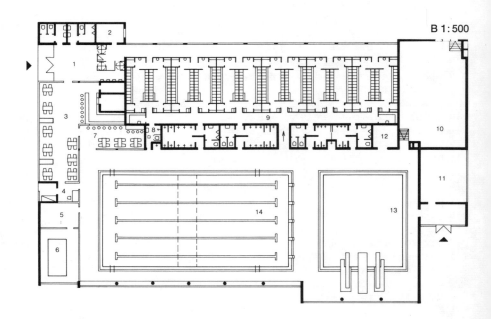

B 1:500

C
1. Eingangshalle
2. Personal
3. Milchbar
4. Aufenthaltsraum für Badegäste
5. Schwimmeister
6. Sauna
7. Umkleiden
8. Behinderte
9. Geräte
10. Kinder-, Alten- und Versehrtenbecken
11. Kinderspielraum
12. Fitneßraum
13. Nichtschwimmerbecken
14. Schwimmerbecken
15. Springerbecken

D Erdgeschoß
1. Eingangshalle
2. Personal
3. Behinderte
4. Fitneßraum
5. Kinderspielraum
6. Aufenthaltsraum für Badegäste
7. Kinder-, Alten- und Versehrtenbecken
8. Schwimmeister
9. Springerbecken
10. Variobecken
11. Umkleiden
12. Geräte
13. Putzraum
14. Sauna

D Obergeschoß
15. Restaurant

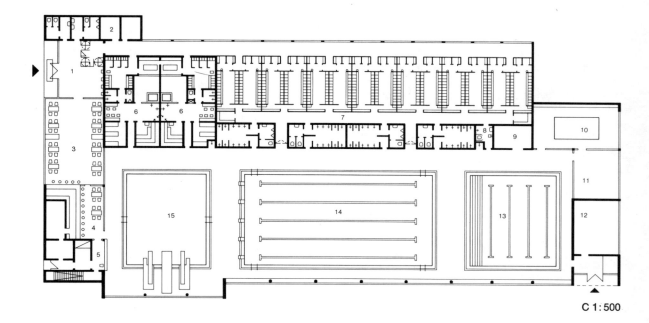

C 1:500

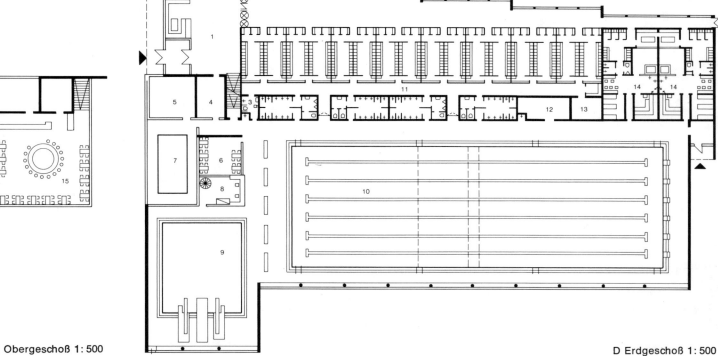

D Obergeschoß 1:500

D Erdgeschoß 1:500

Privathallenbad am Zwischenahner Meer

Entwurf H. de Witt, Bad Zwischenahn
Forschungsprojekt IAB/DIfBSF/DSV
Arbeiten (Büro und Zeichenraum eines Architekten mit 10 Angestellten, Wohnen (Familie mit 5 Kindern) und Erholen (Schwimmhalle mit Sauna, Solarium und Liegewiese). Richtige enge Beziehung Schlafräume — Bad. Gute Garten- und Landschaftsgestaltung, Bädertechnik und Bautechnik nach neuestem Stand, geschlossene Kiesfilteranlage, Lüftung: Fortluft, Umluft; Finnische Überflutungsrinne und Beckendurchströmung: System Strahlenturbulenz.
Daten Schwimmbecken 4,00 x 12,50 x 1,25—1,60 m; Sauna, Solarium mit 2 Combiliegen, Fitnessraum.
Grundstücksgröße 5700 m²;
bebaute Fläche 172 m²; umbauter Raum 738 m³; Inbetriebnahme 1971

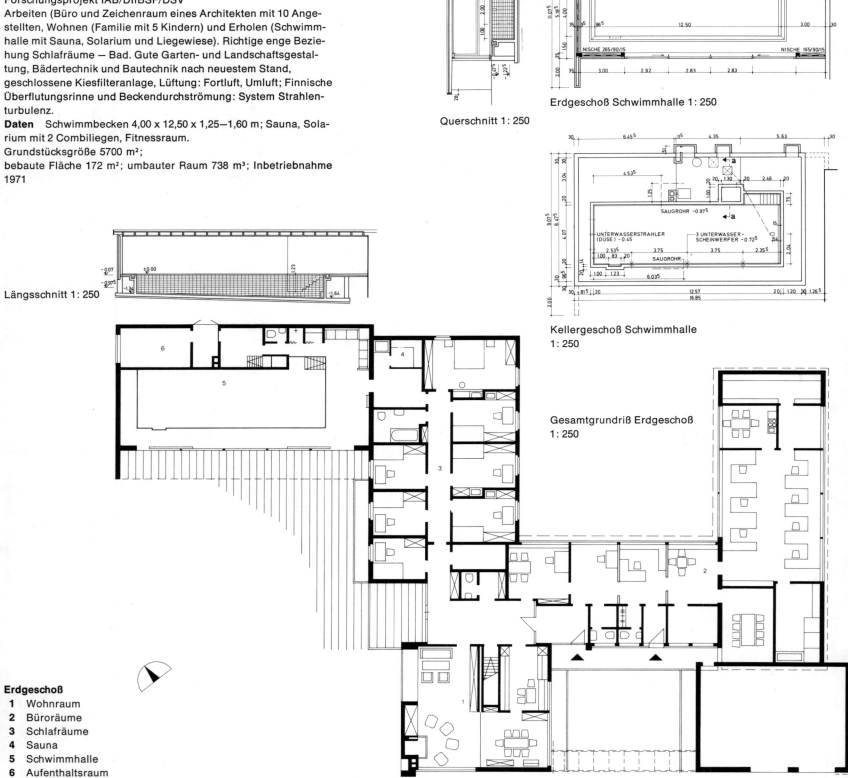

Querschnitt 1:250

Erdgeschoß Schwimmhalle 1:250

Längsschnitt 1:250

Kellergeschoß Schwimmhalle 1:250

Gesamtgrundriß Erdgeschoß 1:250

Erdgeschoß
1. Wohnraum
2. Büroräume
3. Schlafräume
4. Sauna
5. Schwimmhalle
6. Aufenthaltsraum

Privathallenbad in Oldenburg

Entwurf H. de Witt, Bad Zwischenahn
Forschungsprojekt IAB/DIfBSF/DSV
Lage, Zuordnung und Raumprogramm bedingt durch vorhandenen gewesenen Wohnhausbaukörper, Grundstücksgröße und Grundstückszuschnitt. Durch Bewuchs und Bebauung intimer Erholungsbereich, trotz Haupthimmelsrichtung Ost der Schwimmhalle (Schiebefenster); weiterführende Spiel- und Freiflächen.
Daten Schwimmbecken 4,00 x 12,5 x 1,25–1,60 m; Sauna, Solarium, Umkleidebereich; Trimm- und Sitzbereich; Dusche. Umbauter Raum 922 m³; bebaute Fläche 180 m²; Inbetriebnahme 1972

Erdgeschoß
1. Sitzecke
2. Solarium
3. Umkleiden
4. Dusche
5. Sauna
6. Geräte
7. Becken 4 x 12,5 m
8. Gymnastik
9. Saunahof
10. Sonnenterrasse
11. Verbindungsgang
12. Wohnhaus

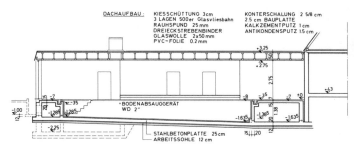

Längsschnitt 1: 500

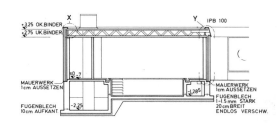

Querschnitt 1: 500

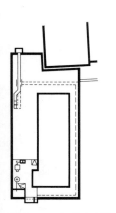

Untergeschoß 1: 500

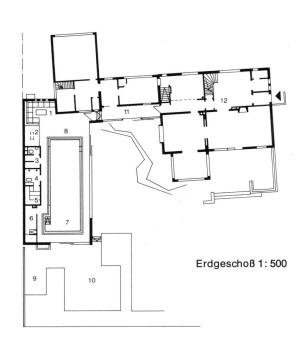

Erdgeschoß 1: 500

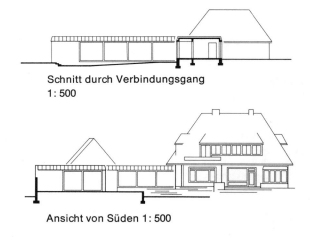

Schnitt durch Verbindungsgang 1: 500

Ansicht von Süden 1: 500

Schulhallenbad in Ritterhude

Entwurf Hans Bartel †, Bad Pyrmont
Forschungsprojekt IAB/DIfBSF/DSV
Daten Variobecken 8 x 12,5 x 0,3—3 m, (Hubboden), 1 m-Sprunganlage; unterteilbarer Duschraum mit 12 Duschköpfen; 2 Sammelumkleideräume, je 4 Wechselkabinen, 64 Garderobenschränkchen; Turnhalle 14,8 x 26,8 x 5,5 m.
Umbauter Raum 3400 m³; Baukosten 1963 632 000 DM

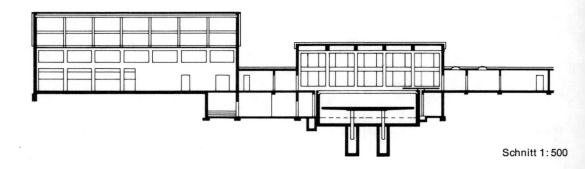

Schnitt 1:500

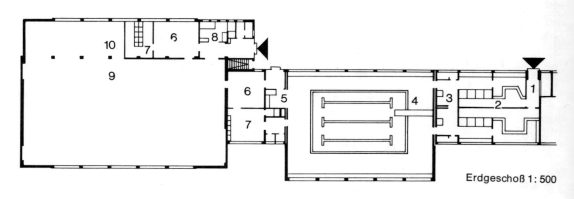

Erdgeschoß
1 Eingang mit Kontrolle
2 Umkleiden
3 Duschen
4 Schwimmhalle
5 Schwimmeister
6 Umkleiden — Turnhalle
7 Dusch- und Waschräume
8 Lehrer
9 Turnhalle
10 Geräteraum

Erdgeschoß 1:500

Schulhallenbad in Wesermünde

Entwurf Architektengemeinschaft H. W. Gestering, H. Otten, Bremen
Forschungsprojekt IAB/DIfBSF/DSV
Programm- und Grundrißlösung des Hallenbades nur für Gruppenbetrieb. Geeignet für schulische Fortbildung, Lebensrettung, Schwimmen und Springen.
Daten Varioschwimmbecken 8 x 16,66 x 0,30—3,40 (Hubboden); 1 m-Sprunganlage; 2 Sammelumkleiden, 2 Duschräume mit je 10 Duschköpfen; Gymnastikhalle, Sporthalle, Sportplatz

Lageplan
1. Sportgebäude
2. Gymnastikwiese
3. Pausenhof
4. Freizeitgebäude
5. Schulgebäude
6. Werkhof
7. Sportanlagen

Untergeschoß
1. Technik
2. Umkleideraum
3. Geräte
4. Lehrer
5. Sporthalle 18 x 36 m

Erdgeschoß
1. Eingangshalle
2. Tribüne
3. Sanitäter
4. Lehrer
5. Umkleiden — Gymnastikraum
6. Umkleiden — Schwimmhalle
7. Variobecken 8 x 16²/₃ m
8. Geräte
9. Gymnastikhalle 9 x 12 m
10. Außengeräte

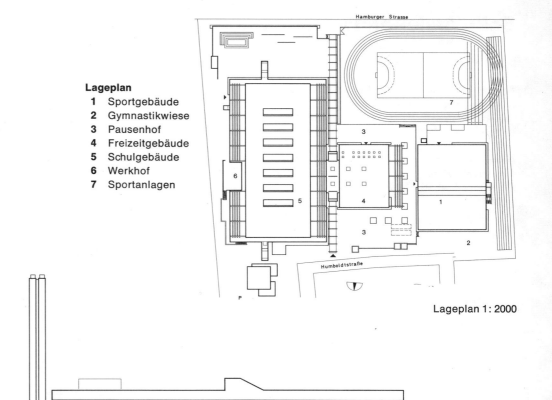

Lageplan 1:2000

Ansicht von Osten 1:500

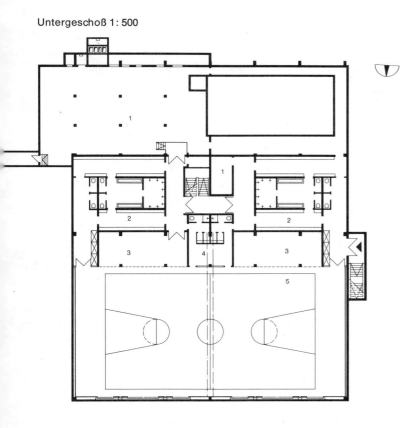

Untergeschoß 1:500

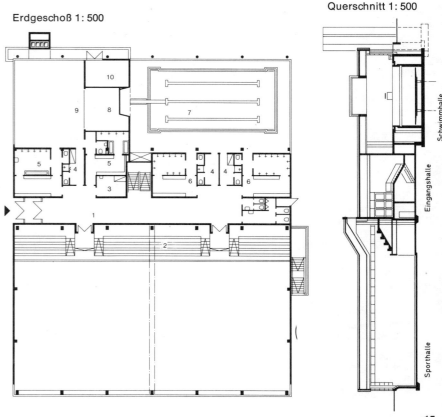

Erdgeschoß 1:500

Querschnitt 1:500

Schulhallenbad in Sandkamp

Entwurf G. Walter, Fallersleben
Forschungsprojekt IAB/DIfBSF/DSV
Kleines Sportzentrum mit idealer Kombination Kindergarten, Schwimmhalle, Turnhalle, Außensportanlagen, Schießstand. Im 2. Bauabschnitt Freibadteil.
Daten Variobecken 8 x 16,66 x 0,30–3,0 m (Hubboden), 1 m-Sprunganlage; 10 Wechselkabinen, 2 Gruppenumkleideräume, 204 Schrankfächer; 2 Duschräume und WC; automatische Kasse ohne Zeitkontrolle

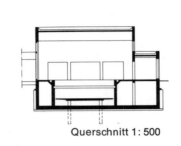

Querschnitt 1:500

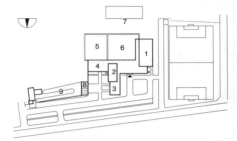

Lageplan 1:5000

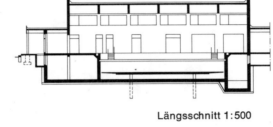

Längsschnitt 1:500

Lageplan
1. Turnhalle
2. Schwimmhalle
3. Wohnungen
4. Kindertagesstätte
5. Spielplatz
6. Liegewiese
7. geplantes Freibad
8. Garagen
9. Schießstand

Erdgeschoß
1. Eingangshalle
2. Umkleiden – Turnhalle
3. Umkleiden – Fußball
4. Sanitäter
5. Turnhalle
6. Geräte
7. Umkleiden – Schwimmhalle
8. Schwimmeister
9. Schwimmhalle
10. Wohnungen für Kindergärtnerinnen und Hausmeister
11. Kindertagesstätte

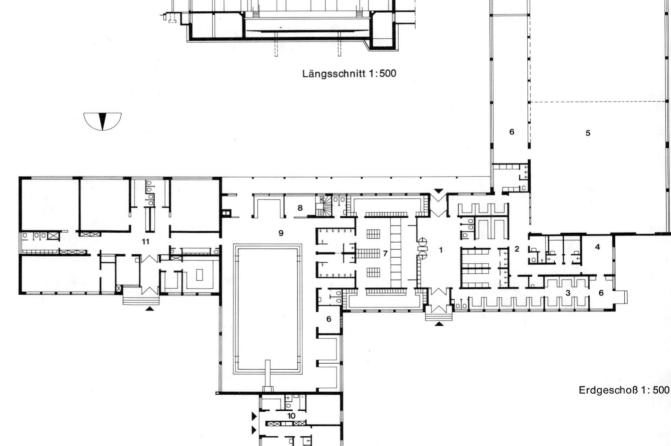

Erdgeschoß 1:500

Hallenbad in Nörten-Hardenberg

Entwurf G. Neuhaus, Göttingen
Forschungsprojekt IAB/DlfBSF/DSV
Lage in unmittelbarer Nähe der Schulen, der vorhandenen Sportstätten (Sportplatz und Turnhalle) und eines noch auszubauenden Nah-Erholungsgebietes.
Daten Variobecken 10 x 25 x 0,80–1,80 (Teilhubboden) – 3.40 m; 1–3 m Sprunganlage; Kleinkinder-, Alten- und Behindertenbecken 3 x 6 x 0,0–1,35 m (Hubboden); Gesamtwasserfläche 268 m²; 2½ Umkleideeinheiten, 10 Wechselkabinen, 220 Garderobenschränke; 2 Duschräume mit je 8 Duschköpfen; integrierte Doppelsauna; Spielraum, Fitnessraum, Restauration; Kassen- und Garderoben-Selbstbedienungs-System.
Grundstücksfläche 3922 m²; bebaute Fläche 1395 m²; umbauter Raum 10 214 m³

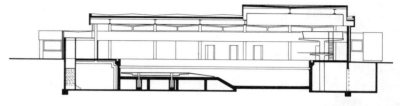

Längsschnitt 1:500

Erdgeschoß
1 Eingangshalle
2 Milchbar
3 Terrasse
4 Aufenthalt für Badegäste
5 Personal
6 Kinder-, Alten- und Versehrtenbecken
7 Spielraum
8 Umkleidebereich
9 Sauna
10 Geräte
11 Fitneßraum
12 Variobecken
13 Schwimmmeister

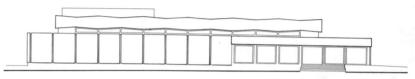

Ansicht von Westen 1:500

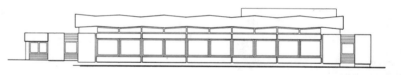

Ansicht von Osten 1:500

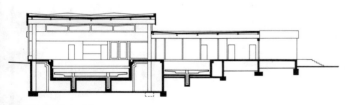

Querschnitt 1:500

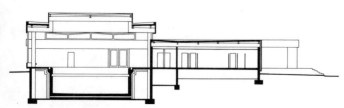

Querschnitt 1:500

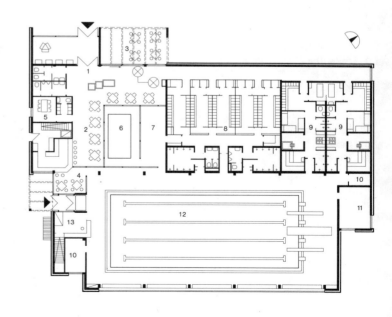

Erdgeschoß 1:500

Hallenbad in Hude

Entwurf H. de Witt, Bad Zwischenahn
Forschungsprojekt IAB/DIfBSF/DSV
Hallenbad mit 2 Wasserflächenübungseinheiten für 11 500 Einwohner der Großgemeinde. Lage: Rathausplatz, später Saunazubau, Dorfgemeinschaftshaus und Kinder-Spielplatz.
Variobecken 10 x 25 x 0,30–1,80 m (Teilhubboden) – 3,80 m;
1–3 m-Sprunganlage; Kleinkinder-, Alten- und Behindertenbecken 2,50 x 5 x 0,30–1,35 (Hubboden); 4 Umkleideeinheiten, 16 Wechselkabinen, 224 Garderobenschränke; 2 Duschräume mit je 10 Duschen.
Grundstücksfläche 12 300 m²;
bebaute Fläche 1167,64 m²;
umbauter Raum 8176,92 m³;
Baukosten 2,25 Mio DM (1972);
Endausbau:
bebaute Fläche ca. 1380 m²;
umbauter Raum ca. 9000 m³

Erdgeschoß
1 Eingangshalle
2 Milchbar
3 Umkleidebereich
4 Technik
5 Personal
6 Schwimmeister
7 Aufenthalt für Badegäste
8 Kinder-, Alten- und Versehrtenbecken
9 Kinderspielraum
10 Variobecken
11 Sauna
12 Geräte

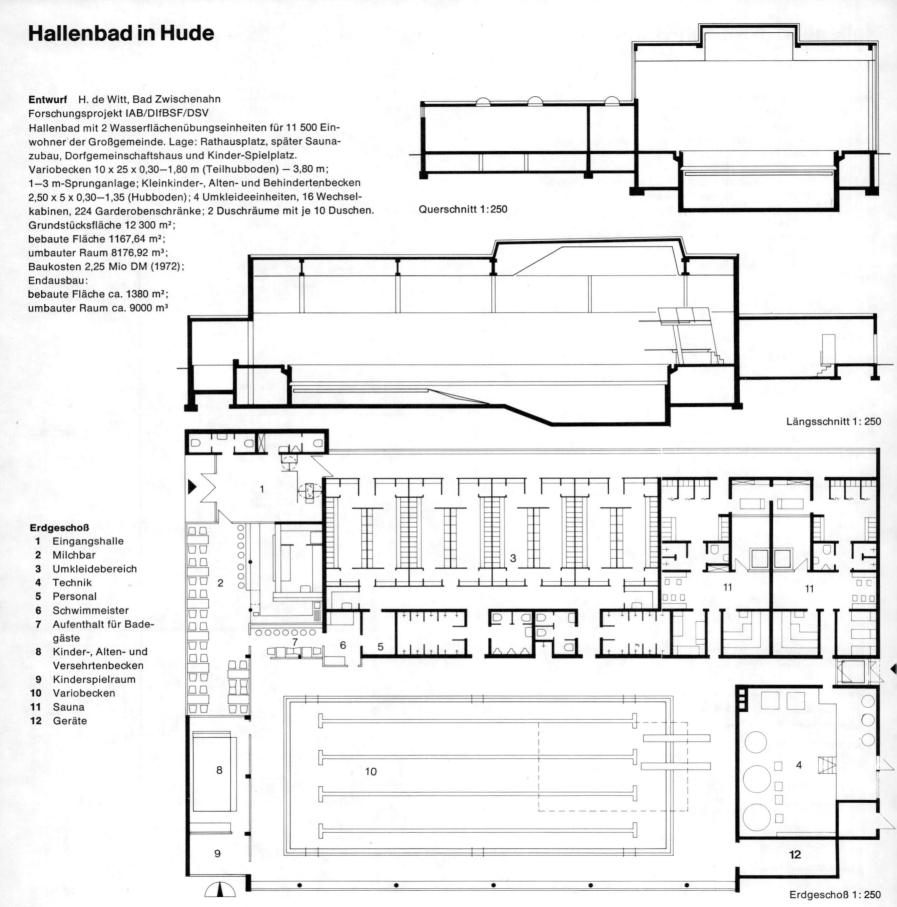

Querschnitt 1:250

Längsschnitt 1:250

Erdgeschoß 1:250

Hallenbad in Dietenhofen

Entwurf R. Elterlein, Nürnberg
Forschungsprojekt IAB/DIfBSF/DSV
Für die 6000 Gemeinde- und 17 000 Gesamteinwohner und 42 Schulklassen des Einzugsbereiches Hallenbad mit 2 Wasserflächen-Übungseinheiten als Bestandteil des Schulsportzentrums der Gemeinde. Inbetriebnahme 1973

Daten Variobecken 10 x 25 x 3,5 m mit 1–3 m-Sprunganlage; Kinder-, Alten- und Behindertenbecken 3 x 6,5 x 0,3–1,35 m (Hubboden); 20 Wechselkabinen, 184 Garderobenschränke, 2 Sammelumkleideräume; 2 Duschräume mit je 11 Duschköpfen; 3 WC-Anlagen; Fitneßraum, Aufenthaltsraum, Milchbar.
Grundstücksfläche 6200 m²; bebaute Fläche 1033 m² (ohne Eingangshalle als Bindeglied zur Sporthalle); umbauter Raum 9255 m³

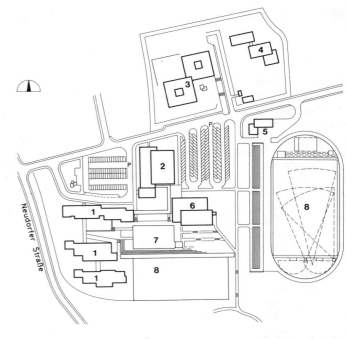

Lageplan 1: 4000

Lageplan
1 Schule
2 Turnhalle
3 Realschule
4 Schülerheim
5 Umkleidegebäude, Verwaltung
6 Hallenbad
7 Hartplatz
8 Sportplatz

Erdgeschoß
1 Eingangshalle
2 Kassen- und Wartehalle
3 Sammelumkleiden
4 Wechselzellen mit Schränken
5 Aufenthaltsraum für Badegäste
6 Fitneßraum
7 Personal
8 Heizung
9 Elektro-Zentrale
10 Geräte
11 Schwimmeister
12 Kinderspielraum
13 Kinder-, Alten- und Versehrtenbecken
14 Variobecken
15 Ausgang mit Durchschreitebecken
16 Turnhalle

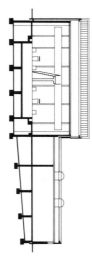

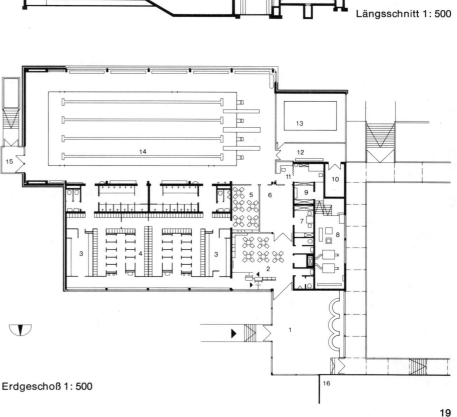

Längsschnitt 1: 500

Querschnitt 1: 500   Erdgeschoß 1: 500

Hallenbad in Merzhausen

Entwurf Stadtbauamt Merzhausen
Forschungsprojekt IAB/DIfBSF/DSV
Innerhalb des Bäderplanes des Großraumes Freiburg entsteht etwa in Ortsmitte der Gemeinde für etwa 10 000 Einwohner des Ortes, für Einwohner des südlichen Stadtrandes Freiburgs und des Hexentals eine Kombinationsanlage Hallenbad-Sporthalle nach den jeweiligen Forschungsprogrammen der Akademie als Modellanlage in bezug auf Funktion und Wirtschaftlichkeit als dreifach unterteilbare Sporthalle und Schwimmhalle mit 2 Wasserflächen-Übungseinheiten.

Daten Schwimmhallenprogramm: 12,5 (aus schwimmsportlichen Gründen von 10 auf 12,5 verbreitert) x 25 m Variobecken mit 1–3 m-Sprunganlage und Teilhubboden 9 x 12,5 m; 3 x 7 x 0,0–1,35 m (Hubboden) Kleinkinder-, Alten- und Behindertenbecken; integrierte Doppelsauna; 3 Umkleideeinheiten (sechs halbe), 1 Behinderten- Familien-Umkleide- und Sanitäreinheit; 2 Duschräume mit je 10 Duschköpfen; 2 Toilettenanlagen im Schwimmhallenbereich, 1 im Eingangsbereich.
Bebaute Fläche 1555 m²; umbauter Raum Schwimmhalle 9411 m³; Sporthalle: 27 x 45 x 7,0 m im zweiten Bauabschnitt

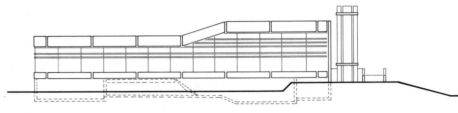

Schnitt 1 : 500

Erdgeschoß
1. Eingangshalle
2. Umkleiden
3. Dusch- und Waschraum
4. Geräte
5. Kleingeräte
6. Lehrer
7. Lehrer und Regie
8. Außengeräte
9. Personal
10. Schaltzentrale
11. Chlorraum
12. Technik
13. Sporthalle

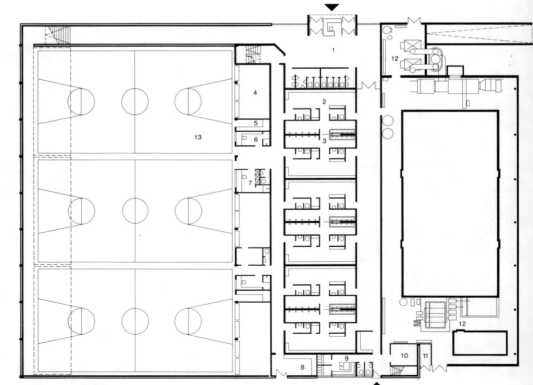

Erdgeschoß 1 : 500

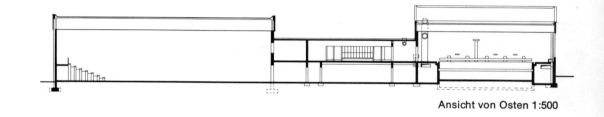

Ansicht von Osten 1:500

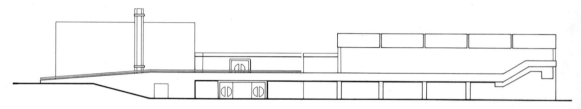

Ansicht von Süden 1:500

Obergeschoß
1 Eingangshalle
2 Sauna
3 Umkleidebereich
4 Umkleideeinheit für Familien und Behinderte
5 Geräte
6 Schwimmeister
7 Variobecken
8 Spielraum
9 Kinder-, Alten- und Versehrtenbecken
10 Lüftung – Sporthalle
11 Krafttraining
12 Tischtennis
13 Clubraum
14 Sporthalle
15 Tribüne

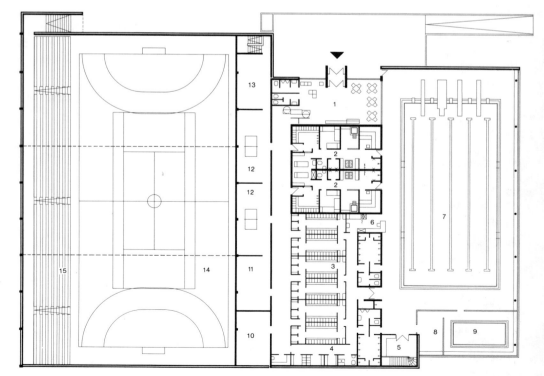

Obergeschoß 1:500

Hallenwellenbad in Treuchtlingen

Entwurf G. J. Naumann, Mitarbeiter M. Rossius, E. K. Irion, E. W. Torsten, Farbgestaltung, München

Standort unmittelbar in Verbindung mit bestehenden oder noch auszubauenden Sport- und Freizeiteinrichtungen. Wellenbecken $16^{2}/_{3}$ x 35 x 3,80 m. An der 25 m-Marke Hubwand zur Unterteilung in Schwimmer- und Nichtschwimmerbecken. Zusätzliches Nichtschwimmerbecken 10 x 12,5 x 0,8—1,35 m. Insgesamt 4 Wasserflächen-Übungseinheiten. Saunaabteilung. Spätere Hinzufügung von Außenwasserflächen. Umbauter Raum 22 063 m³. Grundstücksgröße 21 000 m².

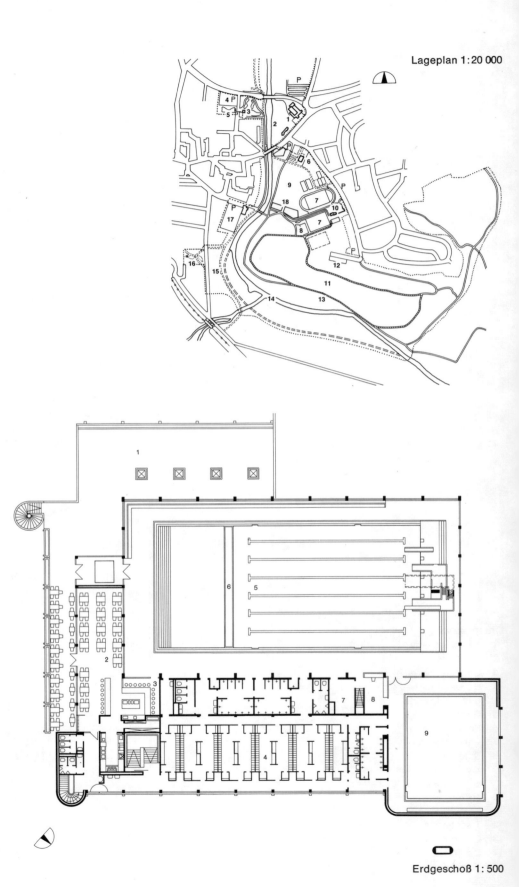

Lageplan 1:20 000

Lageplan
1 Hallenwellenbad, Minigolf
2 Flußbad
3 Kinderspielplatz
4 Jugendverkehrsschule
5 Kinderbahn
6 Hotel
7 Sportplätze
8 Rollschuh- und Kunsteisbahn
9 Parkplatz bzw. Kinderspielplatz
10 Freizeitheim
11 Spiel- und Liegewiese
12 Schießstand
13 Trimmpfad
14 Flüßchen „Altmühl"
15 Spielfläche, Reitplatz, Bootsanleger
16 Kneippanlage
17 Stadthalle
18 Eissportweiher

Erdgeschoß
1 Sonnenterrasse
2 Cafeteria
3 Aufenthaltsraum — Badegäste
4 Umkleiden
5 Wellenbecken
6 Hubbrücke
7 Geräte
8 Schwimmeister
9 Schulschwimmbecken

Erdgeschoß 1:500

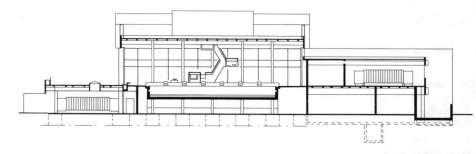

Querschnitt 1:500

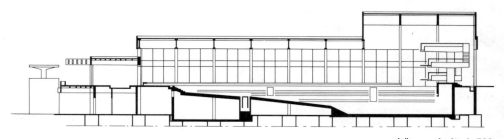

Längsschnitt 1:500

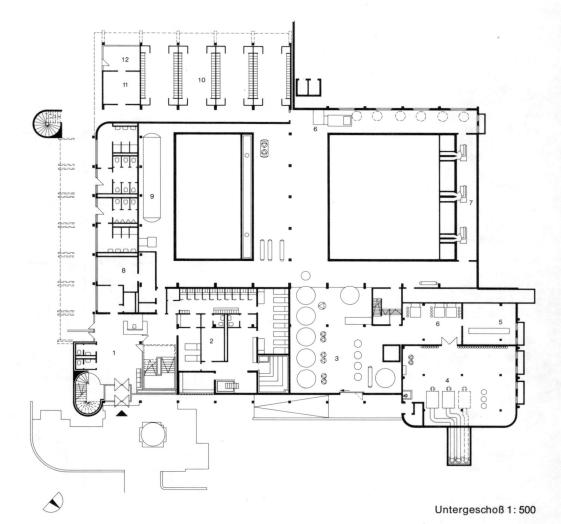

Untergeschoß

1. Eingangshalle
2. Sauna
3. Wasseraufbereitung
4. Heizung
5. Elt.-Zentrale
6. Lüftung
7. Wellenmaschine
8. Kiosk
9. Warmwasserspeicher
10. Umkleiden – Freibad
11. Geräte
12. Schwimmeister

Untergeschoß 1:500

Hallenbad in Dossenheim

Entwurf Spannbetonwerk Koch KG, Arch. Böhm
Forschungsprojekt IAB/DIfBSF/DSV
Beispielhaftes Gartenhallenbad mit 2 Wasserflächeneinheiten in Gesamtplanung eines Bildungs- und Sportzentrums (Sporthalle, Schwimmhalle, Stadion, Sportplatz, Tennishalle, Tennisplätze und Reitplatz); 9000 Ortseinwohner, Gesamteinzugsbereich: 15 000 Einwohner

Daten Variobecken 12,50 x 25 x 1,8–3,8 m, 0,30–1,80 m (Teilhubboden); Sprunganlage 1–5 m; Kleinkinder-, Alten, Behindertenbecken 2,50 x 5,0 x 0,30–1,35 (Hubboden);
Gesamtwasserfläche 325 m²; 4 Umkleideeinheiten mit je 4 Wechselkabinen und 92 Garderobenschränken, Umkleidekapazität insgesamt 368 Garderobenschränke; 2 Duschräume mit je 10 Duschen und 3 WC-Anlagen; Doppelsauna mit einer Gesamtfläche von 288 m²; Milchbar: 40 Plätze.
Grundstücksfläche 4641 m²; bebaute Fläche 1650 m²; umbauter Raum 11 854 m³; Baukosten 3,1 Mio. DM (1973)

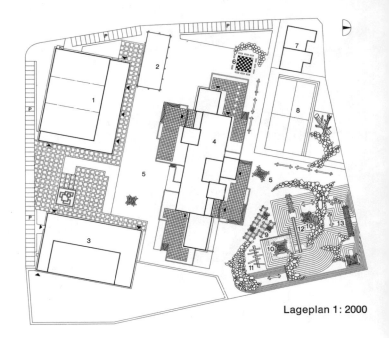
Lageplan 1:2000

Lageplan
1 Sporthalle
2 Fahrradstand
3 Hallenbad
4 Hauptschule
5 Pausenhof
6 Schach, Dame
7 Dienstwohnungen
8 Hartplatz
9 Boxen
10 Klettergerüst
11 Wippen
12 Rutsche
13 Hängebrücke

Erdgeschoß
1 Eingangshalle
2 Aufenthaltsraum für Badegäste
3 Kinder-, Alten- und Versehrtenbecken
4 Kinderspielplatz
5 Schwimmeister
6 Heizung
7 Geräte
8 Variobecken
9 Umkleiden
10 Ruheraum
11 Umkleiden
12 Massage, Unterwassermassage
13 Vorreinigung
14 Sauna
15 Saunahof mit Tauchbecken

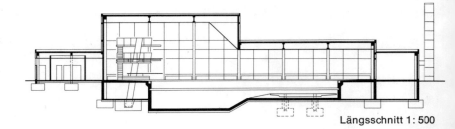
Längsschnitt 1:500

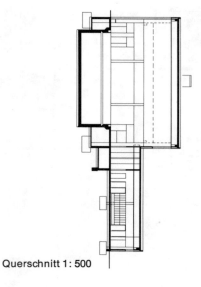
Querschnitt 1:500

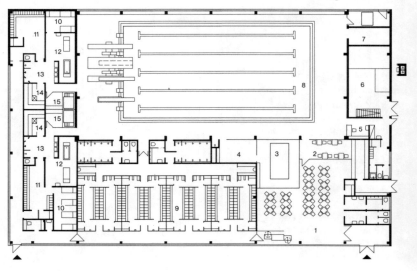
Erdgeschoß 1:500

Hallenbad in Sundern

Entwurf   G. Nöcker, Sundern
Forschungsprojekt IAB/DIfBSF/DSV
Volles Forschungsraumprogramm bis auf Sauna im späteren Bauabschnitt, gute Zuordnung der einzelnen Bereiche und Räume mit 3 Wasserflächen-Übungseinheiten, Hallenbad im Bau.
Daten   Variobecken 12,5 x 25 x 1,80 (0,60–1,80)–2,00 m (Teilhubboden); Mehrzweckbecken 10,60 x 12,5 x 3,80 m; 1–5 m Sprunganlage; Kleinkinder-, Behinderten- und Altenbecken 3,0 x 6,0 x 0,0–1,35 m (Hubboden); 6 (12 halbe) Umkleideeinheiten mit 24 (12) Wechselkabinen, 528 Garderobenschränke; Fitneßraum; Restauration

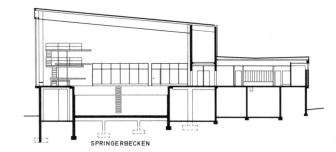

Querschnitt 1:500

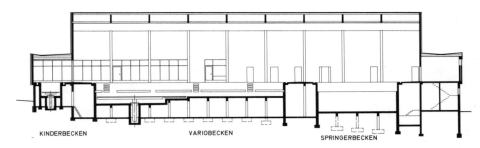

Längsschnitt 1:500

Erdgeschoß 1:500

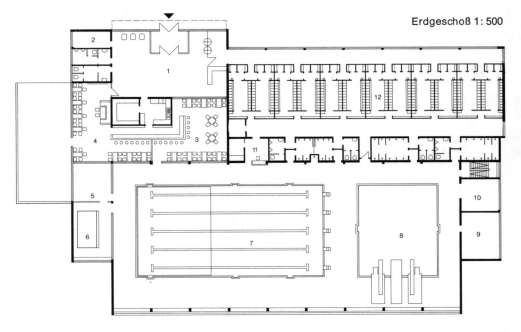

Erdgeschoß
1 Eingangshalle
2 Personal
3 Aufenthaltsraum für Badegäste
4 Milchbar
5 Kinderspielraum
6 Kinder-, Alten- und Versehrtenbecken
7 Variobecken
8 Springerbecken
9 Fitneßraum
10 Geräte
11 Schwimmeister
12 Umkleidebereich

Hallenbad in Neumarkt/Opf.

Entwurf Moplan, Stadtbauamt
Forschungsprojekt IAB/DIfBSF/DSV
Hallenbad und Freibad auf einem Grundstück. Schwierigkeiten durch Grundstücksbeengung und Anbindungszwang an vorhandene Realschule, daher keine volle Eingliederung zu einem Hallenfreibad.

Daten Schwimmerbecken 12,5 x 25 x 2 m; Mehrzweckbecken 10 x 12,50 x 3,80 m; 1–5 m-Sprunganlage; Gesamtinnenwasserfläche 438 m². 314 Garderobenschränke, 29 Wechselkabinen; 44 Duschen in 3 Duschräumen.
Bebaute Fläche 1700 m²; umbauter Raum 13 500 m³

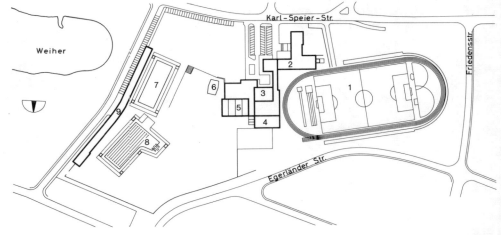

Lageplan 1:2000

Lageplan
1 Sportplatz
2 Schule
3 Mehrzweckhalle
4 Turnhalle
5 Schwimmhalle
6 Kinderbecken
7 Schwimmer- und Springerbecken
8 Nichtschwimmerbecken
9 Umkleiden — Freibad

Erdgeschoß
1 Eingangshalle mit Kasse
2 Milchbar
3 Wechselkabinen mit Schränken
4 Sammelumkleiden
5 Personal
6 Frisierraum
7 Mehrzweckbecken
8 Schwimmeister
9 Geräte
10 Schwimmerbecken
11 Turnhalle

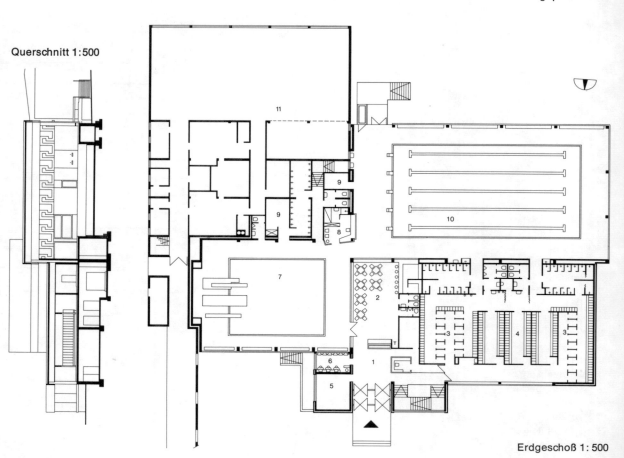

Querschnitt 1:500

Erdgeschoß 1:500

Hallenbad in Hannover-Nord-Ost

Entwurf Hübotter, Busch, Ledeboer, Hannover
Forschungsprojekt IAB/DIfBSF/DSV
Innerhalb des Gesamtbäderplanes der Stadt Hannover 1970 errichtetes Gartenhallenbad.
Daten Variobecken 12,5 x 25 x 0,6–1,8 (Teilhubboden) – 2,0 m; Springerbecken 7,65 x 11,75 x 3,8 m; 1–3 m Sprunganlage; Umkleideeinheiten mit 26 Wechselkabinen und 302 Garderobenschränken; Sauna; Restauration
Grundstücksfläche 9441 m²; bebaute Fläche 1911 m²; umbauter Raum 14 800 m³; Baukosten 1970: 3,7 Mio. DM

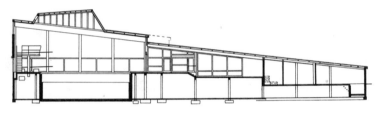

Erdgeschoß 1:500

Schnitt 1:500

Erdgeschoß
1 Eingangshalle
2 Kiosk
3 Lager
4 Sauna
5 Umkleiden
6 Geräte
7 Sanitäter
8 Verwaltung
9 Restauration
10 Variobecken
11 Schwimmeister
12 Springerbecken

Untergeschoß
1 Heizung
2 Lüftung
3 Warmwasseraufbereitung
4 Ozonanlage
5 Filteranlage
6 Elt.-Zentrale
7 Ausgleichbecken
8 Fahrradkeller
9 Personal
10 Chlorraum

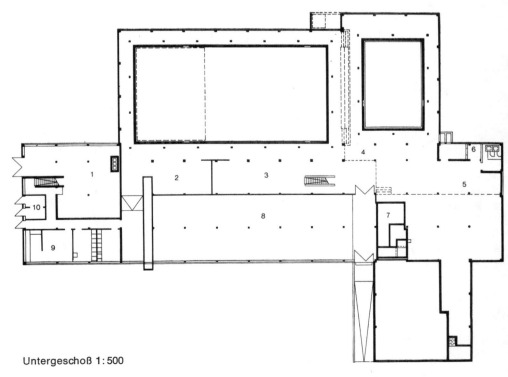

Untergeschoß 1:500

Hallenbad der Freiburger Turnerschaft

Entwurf A. Ruch, Bad Krozingen
Forschungsprojekt IAB/DlfBSF/DSV
Vorbildliches, vereinseigenes Gesamtsportzentrum.
Im Schwimmbereich ist bei den vorhandenen Mitteln unter Anlegung strengster wirtschaftlicher Gesichtspunkte im Bau und Betrieb optimale Kapazität und Variabilität erreicht.
Daten Schwimmerbecken: 12,5 x 25 x 1,80 m; Springerbecken 12,5 x 10,25 x 3,80 m; 1—5 m Sprunganlage; Nichtschwimmerbecken 6 x 12,5 x 0,9—1,25 m, 763 m² Gesamtwasserfläche; 4 Sammelumkleideeinheiten; 2 Duschräume mit insgesamt 31 Duschköpfen; Doppelsauna; Unterwassermassage; Sporthotel; Kindergarten; Ballet-Gymnastiksaal.
Umbauter Raum 20 000 m³, 6,2 Mio DM (1972)

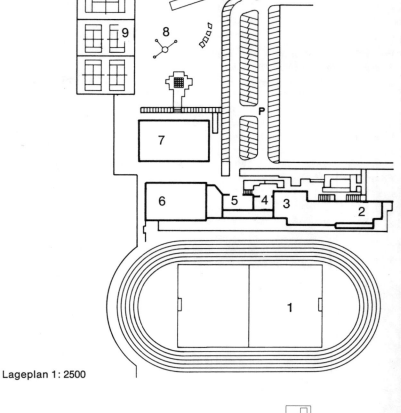

Lageplan 1: 2500

Lageplan

1 Kampfbahn
2 Schwimmhalle, Sauna, Gymnastikhalle, Ballettsaal, Kindergarten
3 Sporthotel
4 Restaurant
5 Verwaltung
6 Turnhalle, sportärztliche Beratung, Kegelbahnen
7 Rollsporthalle
8 Spielplatz
9 Tennisplätze

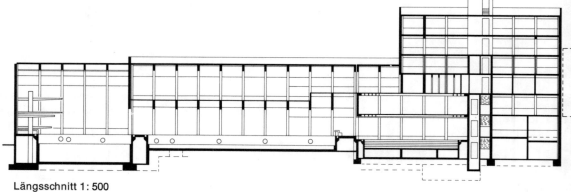

Längsschnitt 1: 500

Hanggeschoß

1 Saunabereich
2 Umkleidebereich
3 Schulschwimmbecken
4 Schwimmeister
5 Geräte
6 Schwimmerbecken
7 Springerbecken

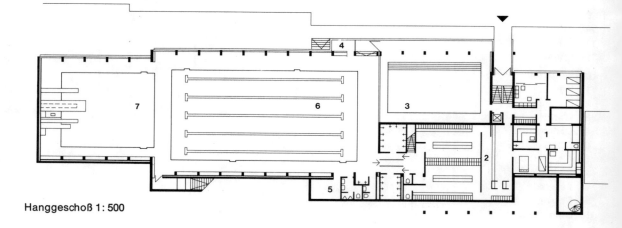

Hanggeschoß 1: 500

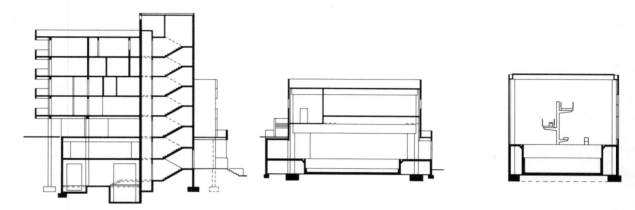

Schnitte 1:500

1. Obergeschoß
1 Gymnastiksaal
2 Ballettsaal
3 Kindergarten
4 Geräte, Ballraum
5 Sanitäter
6 Geräte
7 Sporthotel

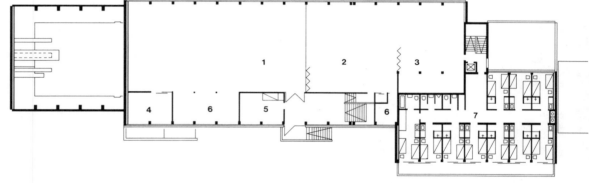

1. Obergeschoß 1:500

Erdgeschoß
1 Luftraum Schwimmhalle
2 Umkleidebereich
3 Aufsicht
4 Gruppenraum
5 Eingangshalle

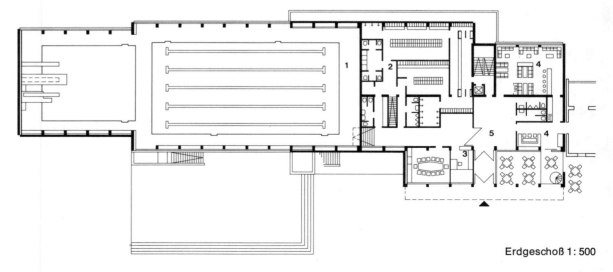

Erdgeschoß 1:500

Hallenbad in Kornwestheim

Entwurf F. Jäger, W. Göttlicher, D. Bendak, Kornwestheim
Forschungsprojekt IAB/DIfBSF/DSV
Nach Bedarf (30 000 Einwohner, 120 Klassen) 4 Wasserflächen-Übungseinheiten mit getrennten Funktionsbereichen. Die Lage der Becken ist auch durch beengte städtebauliche Situation bedingt; Entwurf durch 2stufigen Wettbewerb nach Forschungsprogramm; unbegrenzte Badezeit mit einfachem Kassen- und Kontrollsystem mit gleitender Aufsicht.

Daten Schwimmerbecken 16,66 x 25 x 2,0 m; Nichtschwimmerbecken 12,5 x 12,5 x 0,6–1,35 m; Springerbecken 10,6 x 12,5 x 3,8 m mit 1–5 m-Sprunganlage; Kinder-, Alten- und Behindertenbecken 4,0 x 8,0 x 0,0–1,35 m (Hubboden); 6 (12 halbe) Umkleideeinheiten mit 24 (12) Wechselkabinen und Sanitärräume, den einzelnen Bereichen zugeordnet; Restaurationsbereich, Behindertenbereich, Fitneßbereich; keine Sauna, da in der Nähe vorhanden.
Überbaute Fläche 2579 m²; umbauter Raum 22 800 m³; fester Preis 7 Mio. DM.

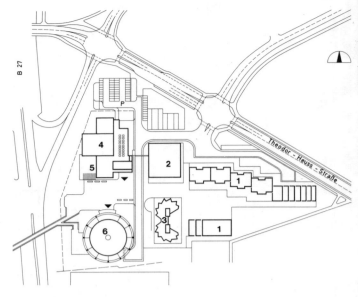

Lageplan 1:4000

Lageplan
1. Wohnungen
2. Kaufhaus
3. Sporthalle
4. Hallenbad
5. Sonnenterrasse
6. Sporthalle

Untergeschoß
2. Elektro-Zentrale
3. Chlor
4. Werkstatt
5. Warmwasserbehälter
6. Kalt- und Warmwasserverteilung
7. Filteranlage
8. Pumpen
9. Lüftung
10. Tiefgarage

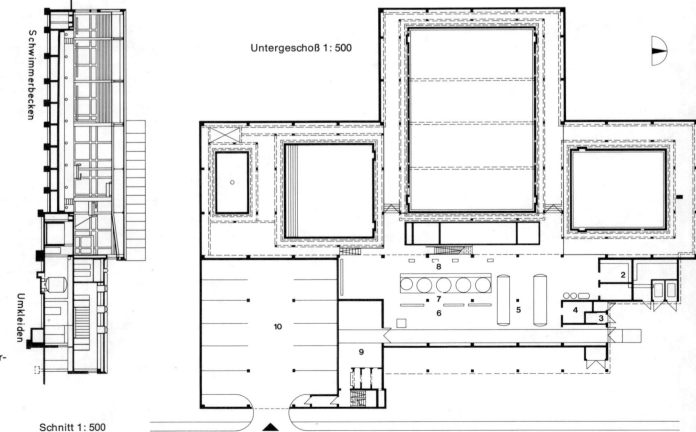

Schnitt 1:500

Untergeschoß 1:500

Obergeschoß 1:500

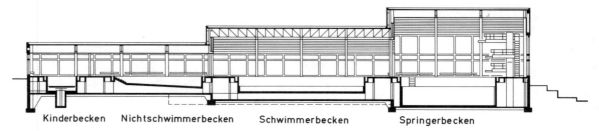

Kinderbecken   Nichtschwimmerbecken   Schwimmerbecken   Springerbecken

Schnitt 1:500

Erdgeschoß
1 Eingangshalle
2 Milchbar
3 Personal und Clubraum
4 Umkleiden für Versehrte
5 Umkleidebereich
6 Fitneßraum
7 Geräte
8 Springerbecken
9 Schwimmerbecken
10 Schwimmeister
11 Nichtschwimmerbecken
12 Kinder-, Alten- und Versehrtenbecken
13 Kinderspielraum
14 Aufenthaltsraum für Badegäste
15 Windfang
16 Kinderbereich
17 Sonnenterrasse

Obergeschoß
1 Dienstwohnungen

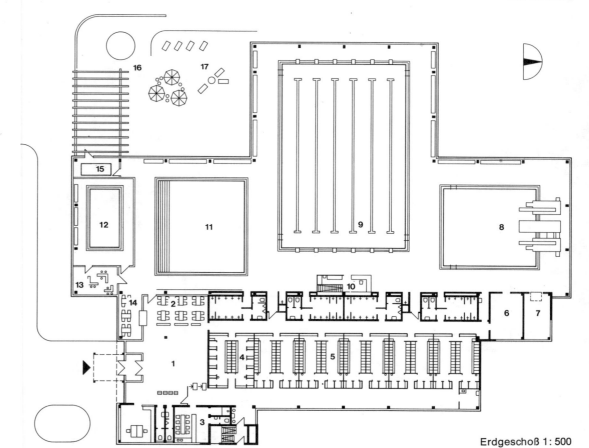

Erdgeschoß 1:500

Hallenbad in Bad Reichenhall

Entwurf H. J. Schmidt und R. Reichert, München
Forschungsprojekt IAB/DIfBSF/DSV
Beispielhafte städtebauliche Situation, Bildungs-, Freizeit- und Sportzentrum Nähe Bahnhof und Hauptverkehrsachse des Kurortes (10 000 Einwohner, im Gesamteinzugsbereich ca. 35 000 Einwohner). Hauptbestandteile: Sporthalle, Tennis-Eislaufhalle, Schulsportanlage, Ringerzentrum und Hallenbad mit Freiterrassen, 4 Wasserflächenübungseinheiten.
Daten Schwimmerbecken 16,66 x 25 x 1,80 m; Springerbecken 10,25 x 12,50 x 3,80 mit 1–5 m Sprunganlage; Nichtschwimmerbecken 10,25 x 15 x 0,70–1,25 m; Kinderbecken 4 x 4 m; Gesamtwasserfläche 897,7 m²; 48 Wechselkabinen mit 207 Schränkchen; 16 Dauerkabinen, 2 Sammelumkleiden mit 112 Schränkchen; Restauration.
7500 m² überbaute Fläche (mit Eishalle); 78 000 m³ umbauter Raum (mit Eishalle); Baukosten Schwimm- und Eissporthalle 15 Mio. DM

Lageplan
1 Schule
2 Hotelfachschule
3 Jugendzentrum
4 Sporthalle
5 Ringer-Leistungszentrum
6 Hallenbad
7 Eislaufhalle bzw. Tennishalle
8 Sonnenterrasse
9 Rasenspielfeld
10 Fitneßbahn
11 Hartplatz
12 Laufbahnen
13 Kugelstoßanlage

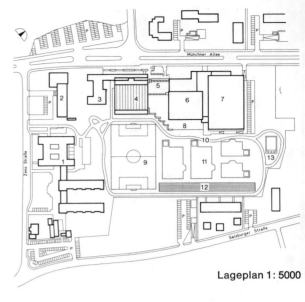

Lageplan 1:5000

Erdgeschoß
1 Eingangshalle
2 Anschnallraum für Schlittschuhe
3 Geräte
4 Kunsteisbahn bzw. Tennishalle
5 Umkleiden – Eislauf
6 Umkleiden für Vereine
7 Personalbereich
8 Dienstwohnung
9 Umkleiden – Schwimmhalle
10 Schwimmeister
11 Schwimmerbecken
12 Schulschwimmbecken
13 Springerbecken
14 Kinder-, Alten- und Versehrtenbecken
15 Wärmebänke bzw. Tribüne

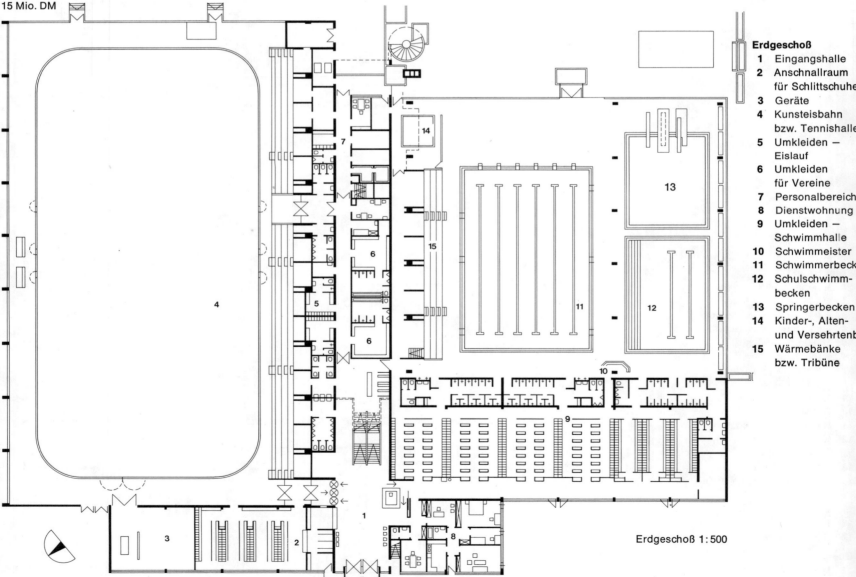

Erdgeschoß 1:500

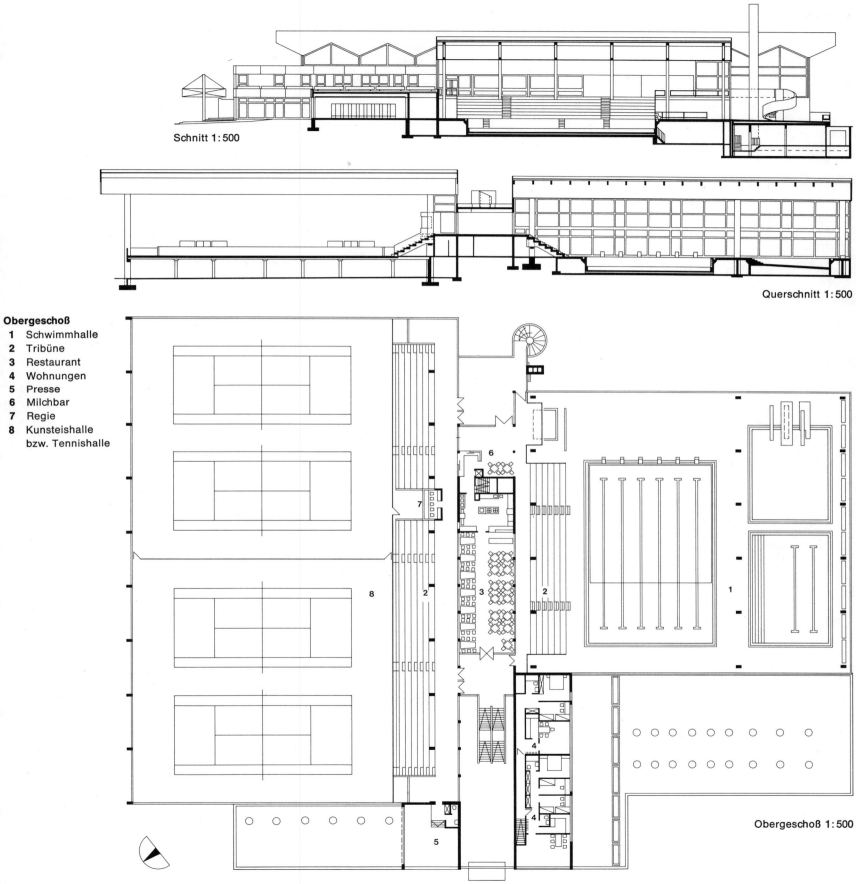

Schnitt 1:500

Querschnitt 1:500

Obergeschoß
1. Schwimmhalle
2. Tribüne
3. Restaurant
4. Wohnungen
5. Presse
6. Milchbar
7. Regie
8. Kunsteishalle bzw. Tennishalle

Obergeschoß 1:500

Hallenbad in Helmstedt

Entwurf Schmedje, Rintz, Klünder, Hamburg
Forschungsprojekt IAB/DIfBSF/DSV
Sehr beengtes Grundstück am Rande des mittelalterlichen Stadtkernes. Hervorragende Grundrißlösung auf Grundlage des Forschungsprogrammes mit 4 Wasserflächen-Übungseinheiten für 30 000 Einwohner. Aus Architektenwettbewerb hervorgegangenes Hallenbad.

Daten Schwimmerbecken 16,66 x 25 x 2,0 m; Springerbecken 10,7 x 12,5 x 3,8 mit 1—5 m-Sprunganlage; Nichtschwimmerbecken 8 x 16,66 x 0,80—1,35 m; Kleinkinder-, Alten- und Behindertenbecken 4 x 8 x 0,0—1,35 m (Hubboden); 7 (14 halbe) Umkleideeinheiten mit 700 Garderobenschränken, 28 (14) Wechselkabinen; 4 Duschräume mit je 10 Duschköpfen; Kinderspielraum, angeschlossener Außen-Kinderspielplatz; integrierte Doppelsauna; Restaurant; Dienstwohnung.
Grundstücksgröße 8000 m²; bebaute Fläche 3444 m²; umbauter Raum 24 111 m³ incl. Personalwohnung

Erdgeschoß
1. Eingangshalle
2. Sauna
3. Abgangsgarderobe
4. Personal
5. Umkleidebereich
6. Umkleide- und Sanitäreinheit für Behinderte
7. Geräte
8. Schwimmeister
9. Fitneßraum
10. Kinder-, Alten- und Versehrtenbecken
11. Nichtschwimmerbecken
12. Schwimmerbecken
13. Springerbecken
14. Aufenthaltsraum für Badegäste
15. Milchbar

Lageplan
1. Dienstwohnung
2. Restaurant
3. Schwimmhalle
4. Kinderspielplatz
5. Liegewiese

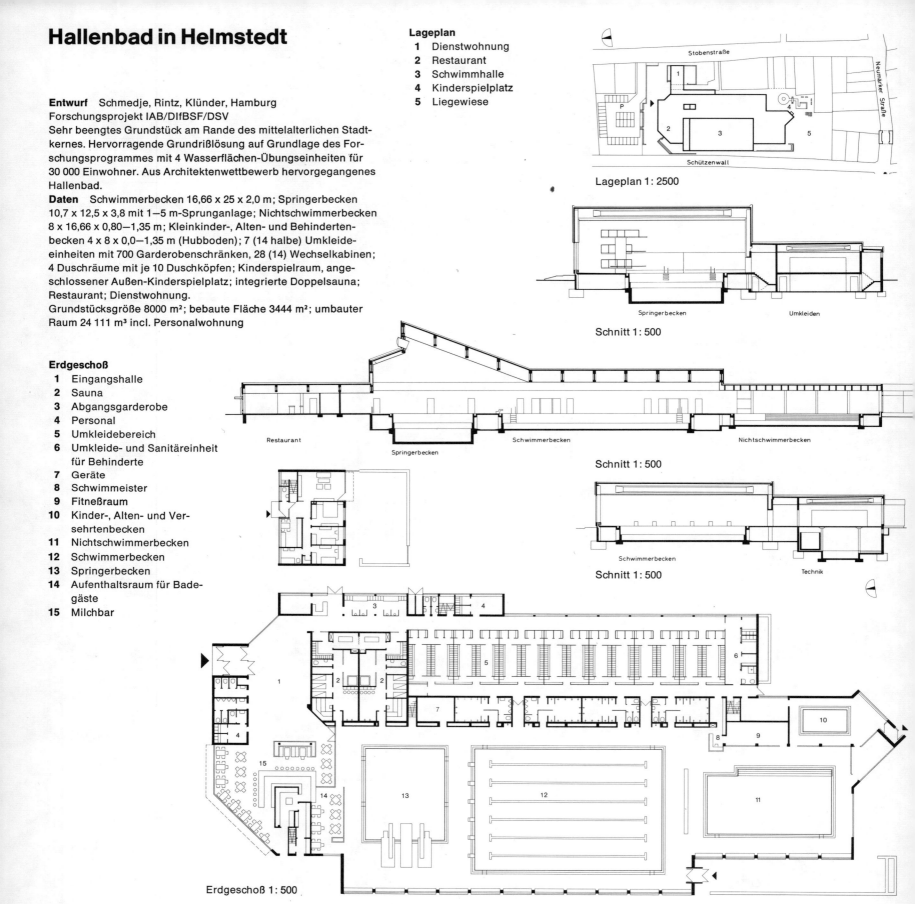

Lageplan 1:2500

Schnitt 1:500

Schnitt 1:500

Schnitt 1:500

Erdgeschoß 1:500

Hallenbad in Trier-West

Entwurf Karnatz und Bock, Trier
Forschungsprojekt IAB/DIfBSF/DSV
Hallenbad mit 4 Wasserflächeneinheiten als erster Bauabschnitt eines Sportzentrums (Eissport-, Sport- und Übungshallen) im zukünftigen Sportpark West. Zentrale Eingangs- und Verteilerhalle für alle Bauabschnitte gemeinsam, Zuordnung der Schwimmhalle zu den vorgelagerten Freiflächen.
Daten Schwimmerbecken 16,66 x 25,0 x 2,00–2,20 m; Springerbecken 12,5 x 13,6 x 4,00 m mit 1–5 m Sprunganlage; Nichtschwimmerbecken 12,50 x 12,50 x 0,85–1,35 m; Kleinkinder-, Alten-, Behindertenbecken 4,0 x 8,0 x 0,00–1,35 m (Hubboden); Gesamtwasserfläche 774,75 m²; zunächst vorgesehen Außenwasserfläche 100 m² (Warmbecken); Außenwarmbecken durch Schwimmkanal und Schleuse an Schwimmhalle angebunden. 7 (14 halbe) Umkleideeinheiten für 4 Wasserflächen-Übungseinheiten = 3–4 kommende und 3–4 gehende Schulklassen mit 28 (14) Wechselkabinen und 616 Garderobenschränken; Selbstbedienungs-Kassen- und Umkleidesystem, unbegrenzte Badezeit, gleitende Aufsicht; integrierte Doppelsauna; Cafeteria mit Freiterrasse; Hausmeisterwohnung.
Grundstücksfläche 17 000 m², bebaute Fläche 4750 m², umbauter Raum 20 000 m³

Gesamtlageplan
1 Hallenbad
2 Wohnungen
3 Liegewiese
4 Eissporthalle
5 Sporthalle
6 Übungshalle
7 Stadion

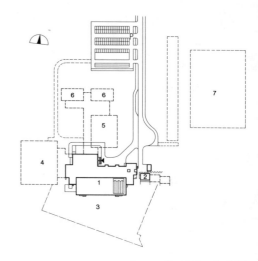

Gesamtlageplan 1 : 5000

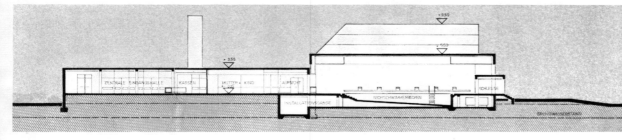

Schnitt 1 : 500

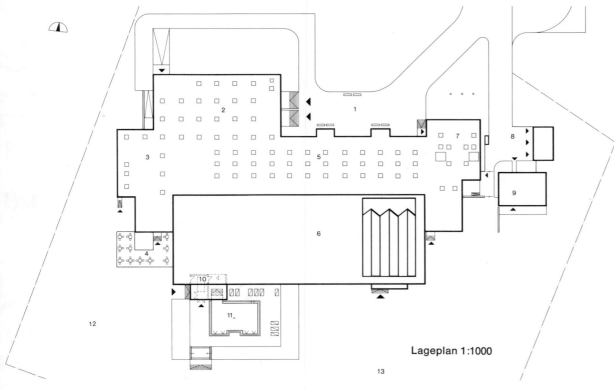

Lageplan 1:1000

Lageplan
1 Vorplatz
2 Eingangshalle
3 Cafeteria
4 Terrasse
5 Umkleidetrakt
6 Schwimmhalle
7 Sauna
8 Werkhof
9 Dienstwohnung
10 Schleuse
11 Aufwärmbecken
12 Kinder-Wasserspielplatz
13 Liegewiese

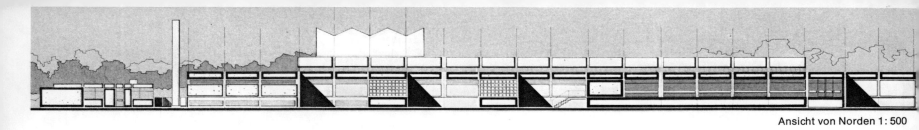

Ansicht von Norden 1:500

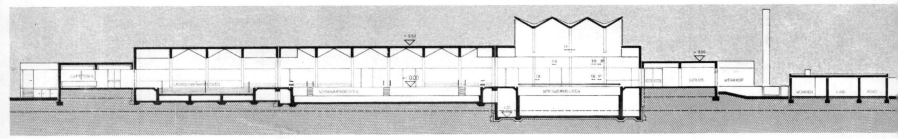

Schnitt 1:500

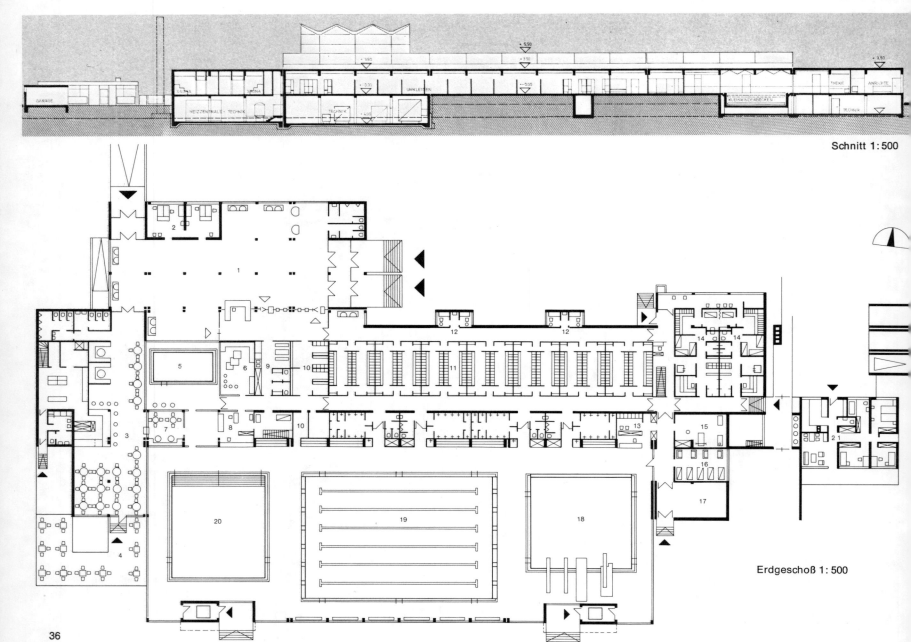

Schnitt 1:500

Erdgeschoß 1:500

◀ **Erdgeschoß**

1. Eingangshalle
2. Verwaltung
3. Cafeteria
4. Terrasse
5. Kinder-, Alten- und Versehrtenbecken
6. Kinderspielraum
7. Aufenthaltsraum für Badegäste
8. Schwimmeister
9. Personal
10. Umkleiden für Behinderte
11. Umkleideeinheiten
12. Frisierraum
13. DLRG
14. Sauna
15. Konditionsraum
16. Ruheraum
17. Geräte
18. Springerbecken
19. Schwimmerbecken
20. Nichtschwimmerbecken
21. Dienstwohnung

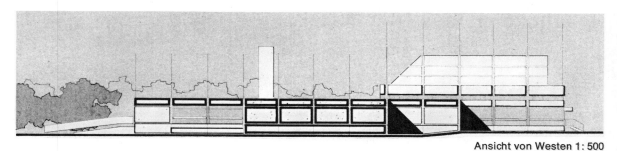

Ansicht von Westen 1:500

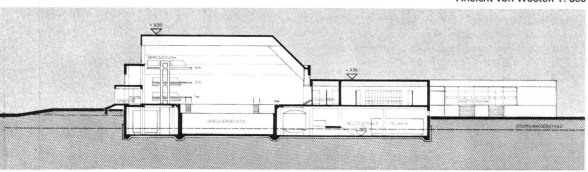

Schnitt 1:500

Ansicht von Süden 1:500

Untergeschoß

1. Lagerräume – Cafeteria
2. Filteranlage
3. Boiler
4. Gegenstromapparate
5. Lüftung
6. Verteiler
7. Druckausgleich
8. Hauptverteiler
9. Heizung
10. Werkplatz
11. Montageschacht

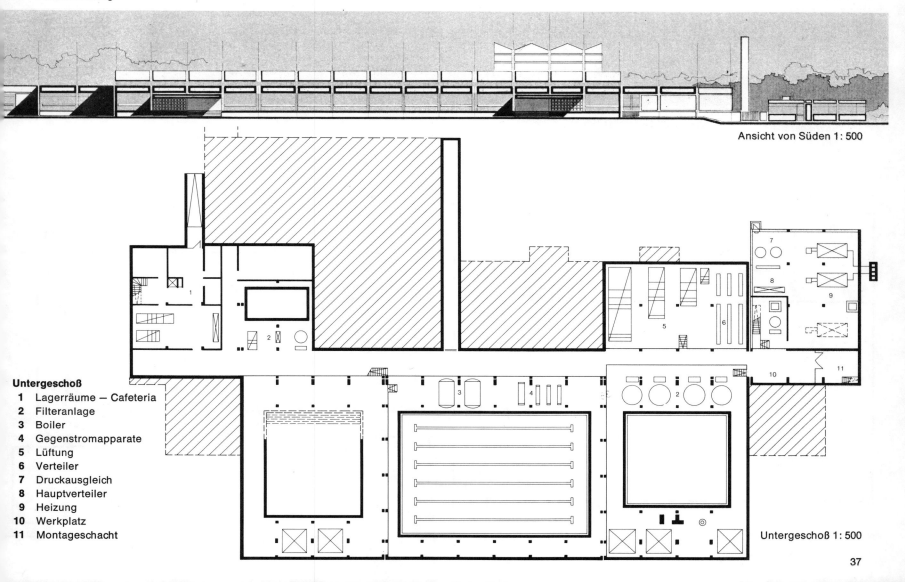

Untergeschoß 1:500

Hallenbad in Dudweiler/Saar

Entwurf Incopa, Saarbrücken
Forschungsprojekt IAB/DIfBSF/DSV
Für 30 000 Einwohner der Stadt und einen Gesamteinzugsbereich von ca. 40 000 Einwohnern und 140 Schulklassen gem. Richtlinienplanungseinheit 5 mit 4 Wasserflächen-Übungseinheiten im 50 m Variobecken und 1 im Springerbecken. Zusätzlich zwei Schulschwimmhallen an Schulen. Auch Trainingsstätte für die benachbarte Schwimmschule „Max Ritter" des Deutschen Schwimm-Verbandes. Wichtiges Forschungsprojekt Kombination Sporthalle, Schwimmhalle, Sauna, Kegelbahn und Restauration. Alle Punkte des Forschungsprogramms und der Zuordnung erfüllt, bis auf Verlegung der Sauna ins Untergeschoß aus Gründen zu geringer Grundstücksfläche. Ebenso entsprechen die technischen Einrichtungen einschließlich Ozonstufe den Forschungsrichtlinien.

Daten Variobecken 16,66 x 50 x 1,80 m (0,30–1,80 m Hubboden), Hubsteg an der 25 m-Marke; Springerbecken 10,25 x 12,5 x 3,80 mit 1,–5 m-Sprunganlage; Kinder-, Alten- und Behindertenbecken 2,50 x 6 x 0,0–1,35 m (Hubboden); Gesamtwasserfläche 976 m²; 7 (14 halbe) Umkleideeinheiten; 4 Sanitäreinheiten; Restauration; integrierte Doppelsauna.
Bebaute Fläche 4800 m²; Hallenbadteil 21 810 m³ umbauter Raum; Inbetriebnahme 18. 8. 1973

Untergeschoß
1 Technik
2 Heizung
3 Fitneßraum
4 DLRG
5 Saunabereich
6 Elektro-Anlage
7 Werkstatt
8 Personal
9 Bedienung — Kegelbahn
10 Kegelbahnen

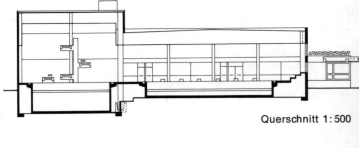

Querschnitt 1:500

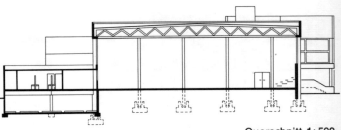

Querschnitt 1:500

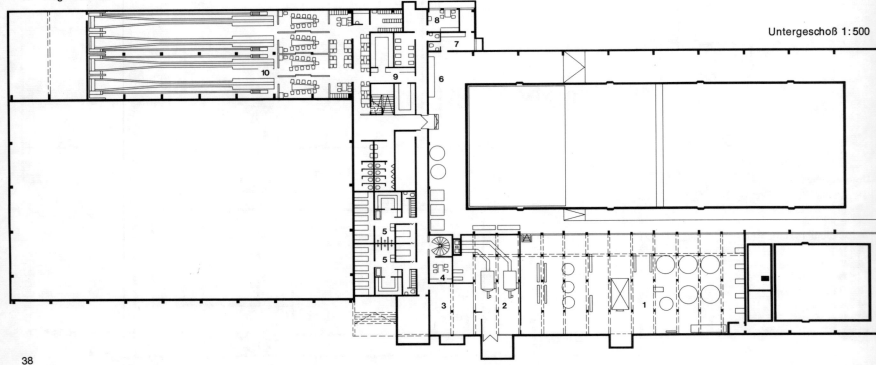

Untergeschoß 1:500

Erdgeschoß

1. Eingangshalle
2. Umkleidebereich – Schwimmhalle
3. Chlorraum
4. Geräte
5. Springerbecken
6. Variobecken
7. Kinder-, Alten- und Versehrtenbecken
8. Schwimmeister
9. Sanitäter
10. Restaurant
11. Umkleidebereich – Sporthalle
12. Lehrer
13. Sporthalle
14. ausfahrbare Tribüne

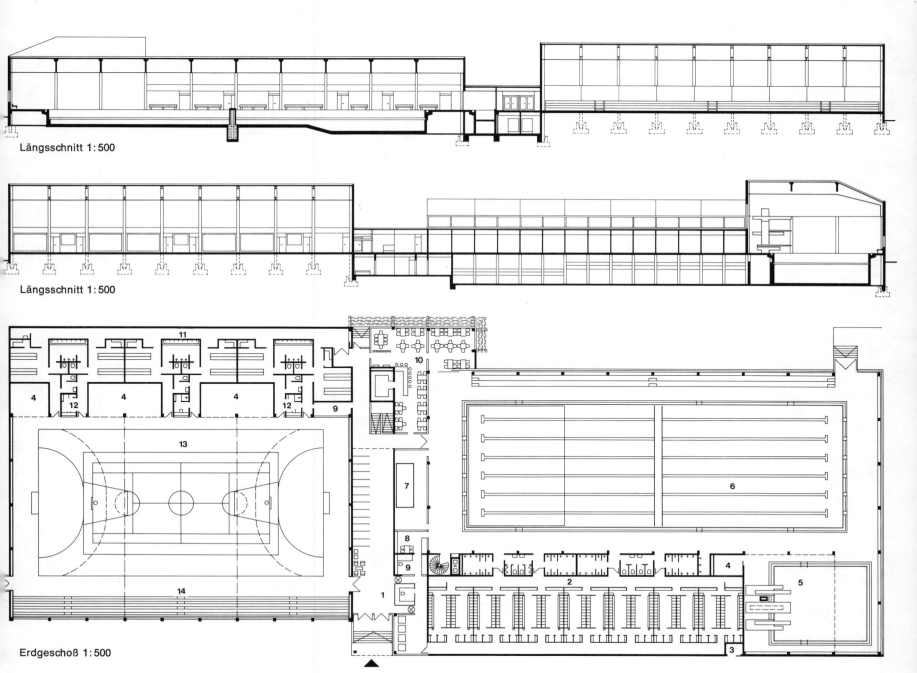

Längsschnitt 1:500

Längsschnitt 1:500

Erdgeschoß 1:500

Universitätshallenbad in Kiel

Entwurf Nickels, van Gerkan und Marg, Hamburg
Aus Wettbewerb hervorgegangene Universitätsschwimmhalle.
Daten Schwimmerbecken 16²/₃ x 50 x 1,80—4,50 m; Springerbeckenteil 17 x 6 x 4,50 mit 1—10 m-Sprunganlage; 1—3 m-Hydraulikturm; Nichtschwimmerbecken 10 x 10 x 1,10—1,60 m; Gesamtwasserfläche 935,3 m²; 2100 Tribünenplätze; 7 Sammelumkleideeinheiten, 32 Wechselkabinen, 200 Garderobenschränke; 2 Duschräume mit je 8 Duschköpfen; Doppelsauna; Spiel- und Sporthalle; 3 Turnhallen, Gymnastiksaal, Fechtsaal.
Grundstücksgröße 80 000 m², umbauter Raum 30 000 m³; Inbetriebnahme 1974.

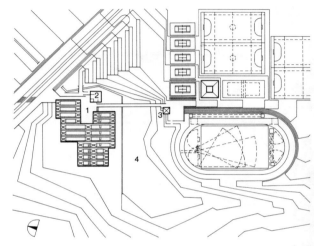

Lageplan 1 : 5000

Lageplan
1 Forum
2 Sportinstitut
3 Karten- und Erfrischungskiosk
4 Wasserbecken

Erdgeschoß
1 Schwimmerbecken
2 Schwimmeister
3 Unterrichtsraum
4 Schulschwimmbecken
5 Umkleiden — Schwimmhalle
6 Sauna
7 Wohnung
8 Geräte
9 Arzt
10 Umkleiden — Turnhallen
11 Spiel- und Sporthalle
12 Turnhalle
13 Gymnastiksaal
14 Fechtsaal
15 Turnhalle
16 Turnhalle

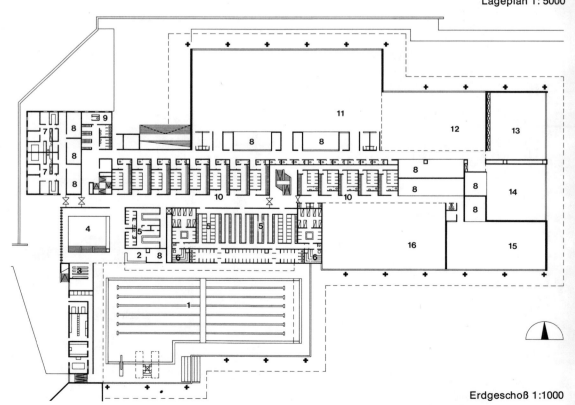

Erdgeschoß 1:1000

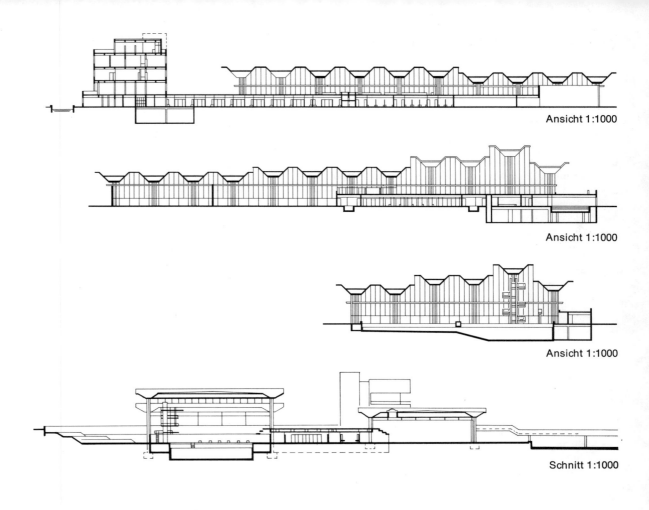

Ansicht 1:1000

Ansicht 1:1000

Ansicht 1:1000

Schnitt 1:1000

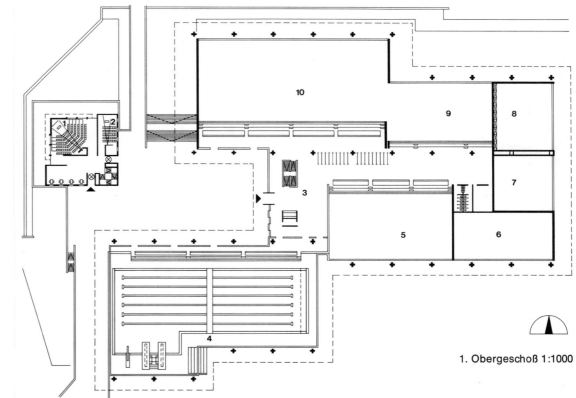

1. Obergeschoß
1 Hörsaal
2 Unterrichtsraum
3 Eingangshalle
4 Schwimmhalle
5 Turnhalle
6 Turnhalle
7 Fechtsaal
8 Gymnastiksaal
9 Turnhalle
10 Spiel- und Sporthalle

1. Obergeschoß 1:1000

Stadionhallenbad in Hannover

Entwurf F. Grünberger, Wien
Forschungsprojekt IAB/DIfBSF/DSV
Bestandteil des 45 ha großen, zentral gelegenen Sportparkes der Stadt.
Daten Schwimmerbecken 21 x 50 x 1,80–4,68 m mit Trennwänden an der 25 m- und 32 m-Marke; Planschbecken 10 m³; Nichtschwimmerbecken 360 m², 0,70–1,25 m; 1–10 m-Sprunganlage; Gesamtwasserfläche 1410 m²; Zuschauertribüne mit 600 Plätzen; 4 Sammelumkleideräume, 44 Wechselkabinen, 9 Einzelkabinen, 542 Schränkchen; 28 Damenduschen, 33 Herrenduschen. Grundstücksfläche 23 203 m²; bebaute Fläche 4238 m²; umbauter Raum 72 125 m³; Gesamtbaukosten 23,4 Mio. DM, Inbetriebnahme März 1972

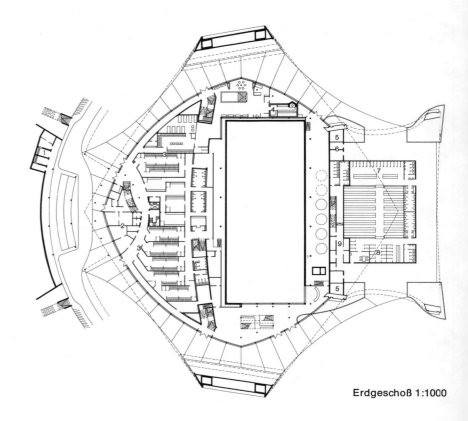

Erdgeschoß 1:1000

Erdgeschoß
1 Elt.-Anlagen
2 Personalräume
3 Umkleiden
4 Sauna
5 Lüftung
6 Chlorräume
7 Wechselkabinen für Männer
8 Wechselkabinen für Frauen
9 Geräteraum für Sportvereine

Untergeschoß
1 Verteiler
2 Pumpen
3 Gegenstromapparate
4 Warmwasserspeicher
5 Filter
6 Hydraulik für Aufzug
7 Luftfilter
8 Lufterhitzer
9 Zuluftzentrale

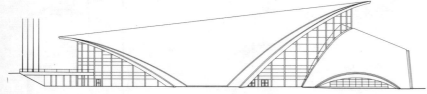

Ansicht 1:1000

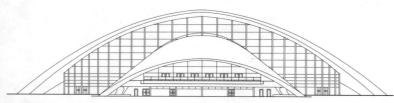

Ansicht 1:1000

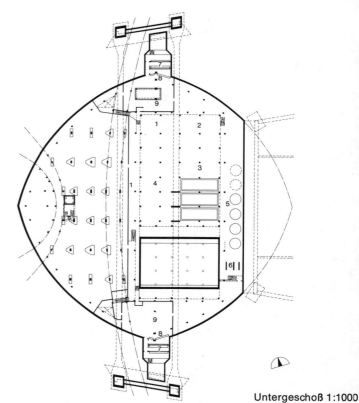

Untergeschoß 1:1000

Milchbargeschoß
1. Zuschauertribüne
2. Milchbar
3. Foyer
4. Personalräume
5. Verwalter
6. Konferenzraum
7. Archiv
8. techn. Anlagen

Galeriegeschoß
1. Zuschauergalerie
2. Lichthof
3. Maschinenraum
4. Ausblaskammer
5. Lüftung

Beckengeschoß
1. Eingangshalle
2. Umkleiden
3. Wärmeraum
4. Geräte
5. Wärmebänke
6. Schwimmerbecken
7. Springerteil
8. Planschbecken
9. Nichtschwimmerbecken

Milchbargeschoß 1:1000

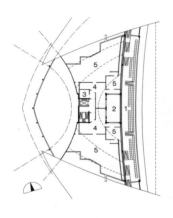
Galeriegeschoß 1:1000

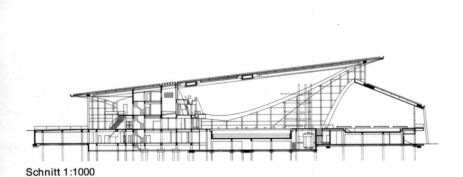
Schnitt 1:1000

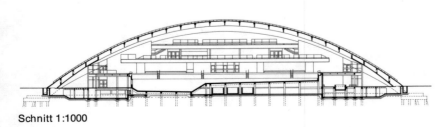
Schnitt 1:1000

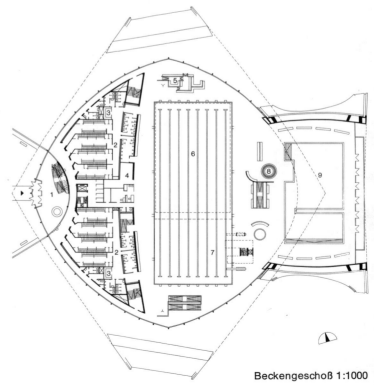
Beckengeschoß 1:1000

Vereinsschwimmhalle in Bonn-Nord

Entwurf E. van Dorp, Bonn
Forschungsprojekt IAB/DIfBSF/DSV
Vereinsbad des SSV Bonn.
Daten Schwimmerbecken 20 x 50 x 1,80–3,80 m; Nichtschwimmerbecken 5 x 12,5 x 0,60–0,90 m, Tauchschacht 7 m; 1–3 m Sprunganlage; Gesamtwasserfläche 1062 m²; 4 Sammelumkleideeinheiten; 44 Duschen; Fitneßräume.
Umbauter Raum 40 000 m³ (incl. Sporthalle); Gesamtbaukosten Schwimmhalle ca. 2,0 Mio DM.

Hauptgeschoß
1 Sporthalle
2 Geräte
3 Sauna
4 Kampfrichter
5 Fechthalle
6 Fechtmeister
7 Umkleiden
8 Konditionshalle
9 Aufenthaltsraum

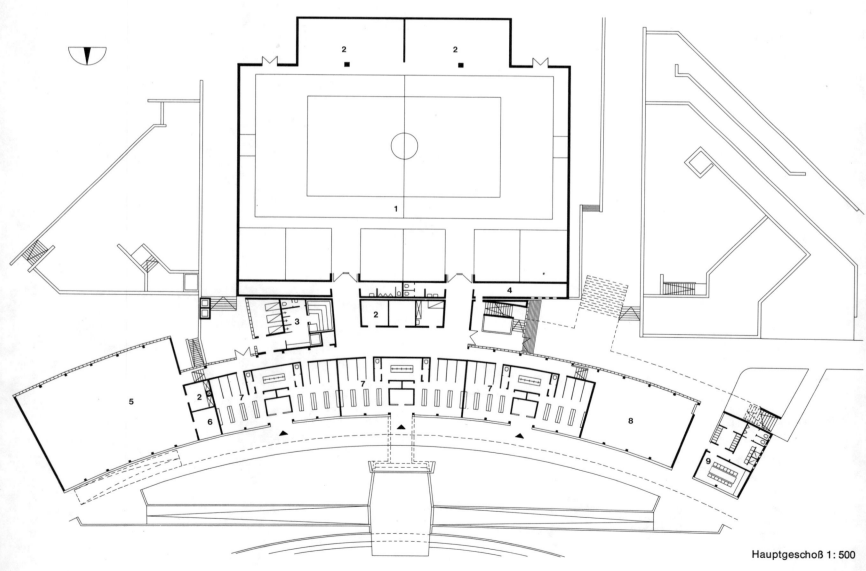

Hauptgeschoß 1:500

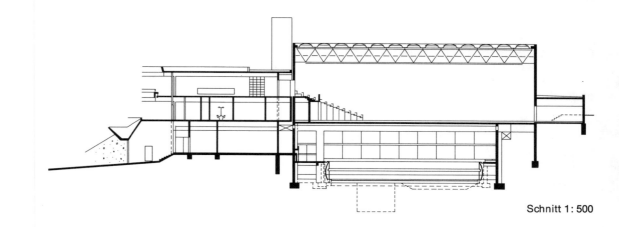

Schnitt 1:500

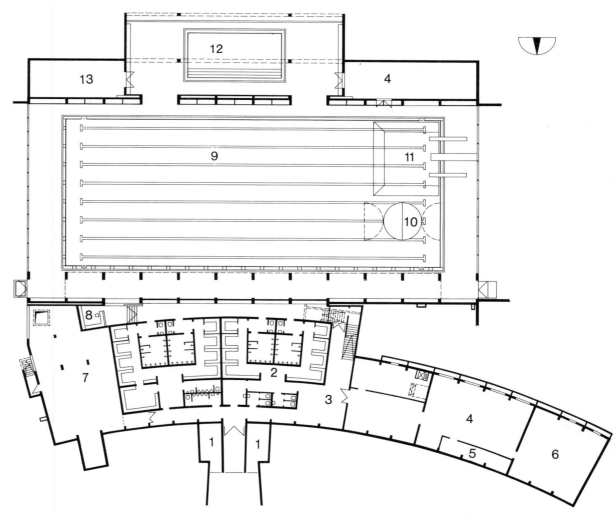

Schwimmhallengeschoß
1 Geräte
2 Umkleidebereich
3 Warteraum
4 Lüftung
5 Elt.-Zentrale
6 Öllager
7 Heizung
8 Schwimmeister
9 Variobecken
10 Tauchgrube
11 Sprunggrube
12 Nichtschwimmerbecken
13 Wasseraufbereitungsanlage

Schwimmhallengeschoß 1:500

Hallenbad in Berlin-Schöneberg

Entwurf H. Plarre

Großschwimmhalle mit 5 Wasserflächen-Übungseinheiten im 20 x 50 x 2,0—4,50 m Schwimmerbecken, durch verschiebbare Stabbrücke in Springer- und Wasserballfeld und in Springer- und in Teilschwimmerbecken einteilbar, sowie in 2 25-m-Schwimmerbecken. 1—10 m Sprunganlage, Fahrstuhl, 1—3,5 m Hydraulik-Sprungturm. 750 Sitzplätze auf Tribünen. Grundstücksgröße 12 000 m², umbauter Raum 71 757 m³, Baukosten 13 640 000 DM. Nebenraumprogramm Sauna, Krafttrainingsraum, Milchbar, Gymnastikraum, Unterkünfte, Wohnungen.

Lageplan
1 Sport- und Schulschwimmbecken
2 Sporthalle
3 Kasino
4 Lehrgangsheim
5 Sportplatz
6 Radrennbahn
7 weitere Sportanlagen

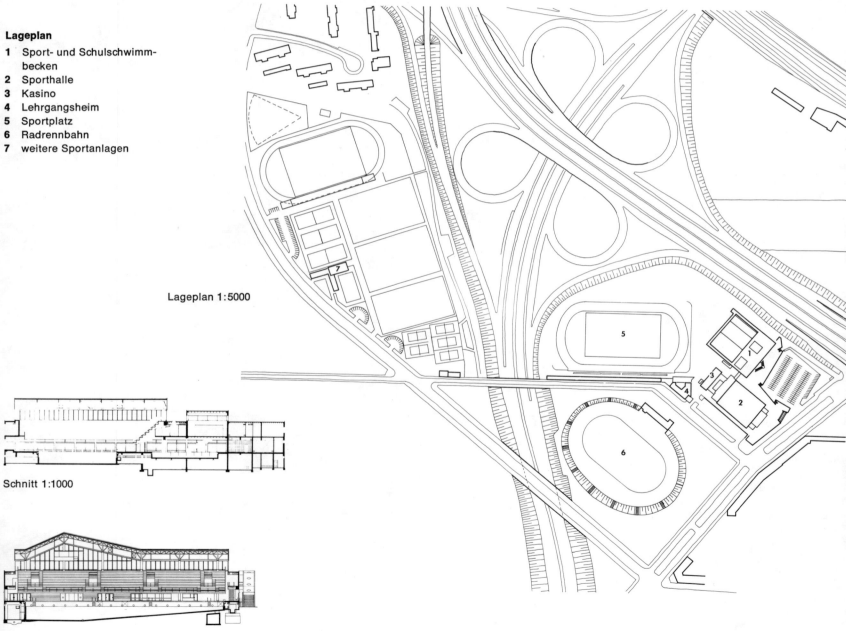

Lageplan 1:5000

Schnitt 1:1000

Schnitt 1:1000

Obergeschoß

1. Garderobe
2. Technik
3. Sauna
4. Übernachtungsheim
5. Verwaltung
6. Hausmeisterwohnung
7. Umkleiden – Gymnastiksaal
8. Gymnastiksaal

Obergeschoß 1:500

Erdgeschoß

1. Eingangshalle
2. Sammelumkleiden
3. Umkleiden
4. Schulschwimmbecken
5. Schwimmerbecken
6. Schwimmhalle
7. Schwimmeister

Erdgeschoß 1:500

Untergeschoß

1. Lüftung
2. Wasseraufbereitung
3. Heizung
4. Tankräume
5. Personal, Werkstatt
6. Clubräume

Untergeschoß 1:1000

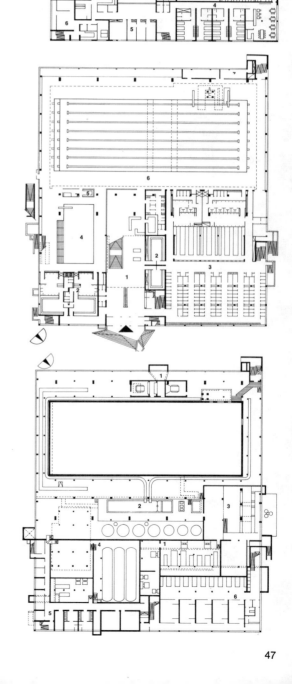

Hallenbad in Burghausen

Entwurf: Moplan
Forschungsprojekt IAB/DlfBSF/DSV
Gutes Beispiel für Freizeitbad-Schwimmleistungszentrum mit geringen Bau- und Folgekosten. Saunaabteilung allerdings im Untergeschoß, war nicht mehr umstellbar; Teilhubboden 21 x 25 m im 50 m-Variobecken, Hubboden im Springerbecken und im Kleinkinderbecken. Klapp-Trennwand im 50 m-Becken, Zeitmeßanlage. Verbindung zum benachbarten Freibad später; 18 000 Einwohner.
Daten Variobecken 21 x 50 x 0,60–1,80 m (Teilhubboden, Klapptrennwand an der 25 m-Marke; Springerbecken 12,5 x 12,5 x 3,8 m (Hubboden) mit 1–5 m-Sprunganlage; Kleinkinder-, Alten- und Behindertenbecken 2,5 x 5,0 x 0,0–1,35 m (Hubboden); Gesamtwasserfläche 1219 m²; Umkleidebereich mit Wechselkabinen, 275 Garderobenschränke; Fitneßraum; Doppelsauna; Restauration. Umbauter Raum 28 000 m³, Baukosten 7,2 Mio. DM

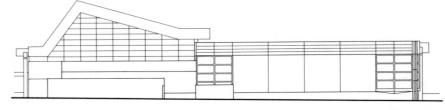

Ansicht von Norden 1: 500

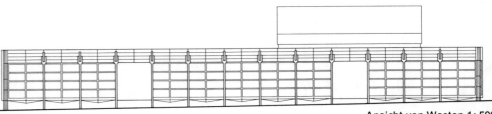

Ansicht von Westen 1: 500

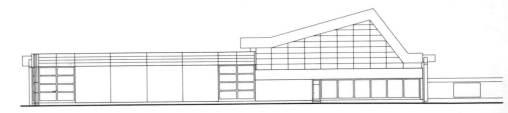

Ansicht von Süden 1: 500

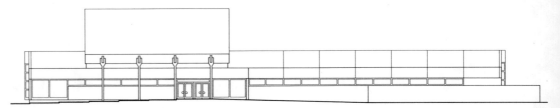

Ansicht von Osten 1: 500

Untergeschoß
1 Stuhllager
2 Chlorraum
3 Maschinenraum
4 Gymnastikraum
5 Saunabereich
6 Saunahof mit Tauchbecken
7 Sammelumkleiden
8 Personal

Lageplan
1 Hallenbad
2 Freibad
3 Kampfbahn, Typ C
4 Sportplätze
5 Tennisplätze

Lageplan 1: 5000

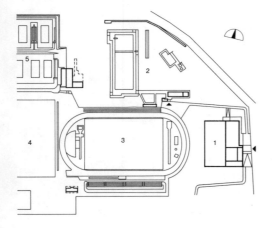

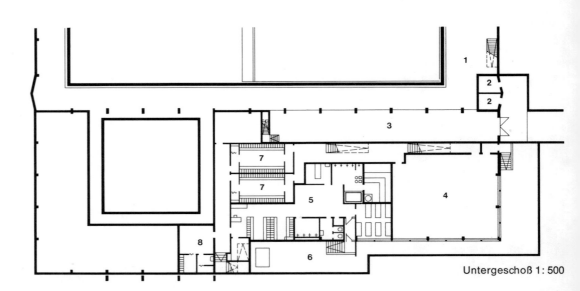

Untergeschoß 1: 500

Erdgeschoß

1. Eingangshalle
2. Milchbar
3. Sammelumkleiden
4. Wechselzellen mit Schränken
5. Geräte
6. Kinder-, Alten- und Versehrtenbecken
7. Schwimmeister
8. Springerbecken
9. Schwimmerbecken
10. Kampfrichter

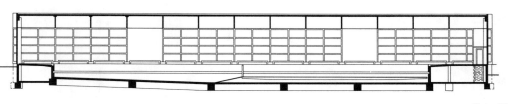

Schnitt 1:500

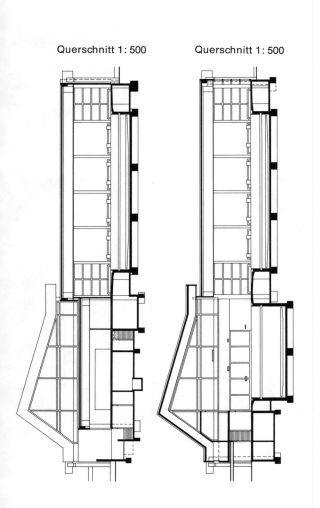

Querschnitt 1:500   Querschnitt 1:500

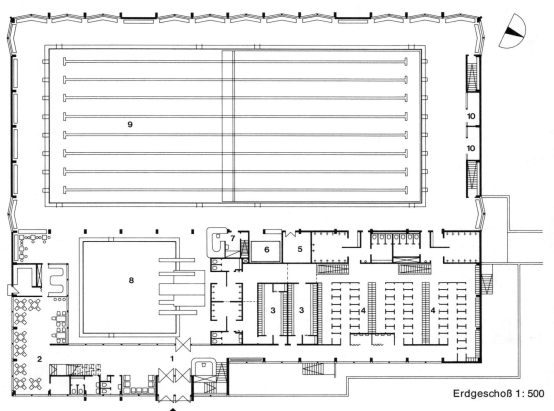

Erdgeschoß 1:500

Hallenbad in Budweis/CSSR

Entwurf R. Böhm, Budweis
Forschungsprojekt IAB
Bestandteil des Sportzentrums Budweis.
Daten Schwimmerbecken 20 x 50 x 1,85—1,95 m; Springerbecken 10 x 12,5 x 3,80 m mit 1—5 m-Sprunganlage; Nichtschwimmerbecken 10 x 20 x 0,60—0,90 m; Gesamtwasserfläche 1325 m²; 10 Sammelumkleideräume mit 658 Garderobenschränken; Duschräume mit je 23 Duschköpfen; Zuschauertribüne mit 850 Plätzen; Sauna; Reinigungsbäder; Restauration; Freibadanschluß geplant. Grundstücksgröße 110 000 m²; 51 500 m² umbauter Raum; Inbetriebnahme 1971

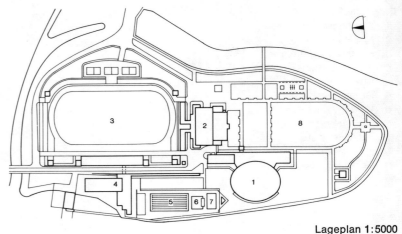

Lageplan 1:5000

Lageplan
1 Schwimmhalle
2 Turnhalle
3 Kampfbahn
4 Freibadumkleiden
5 Schwimmerbecken
6 Springerbecken
7 Nichtschwimmerbecken
8 Parkanlage

Erdgeschoß
1 Eingangshalle mit Kasse
2 Umkleiden für Männer
3 Sauna
4 Umkleiden
5 Schulschwimmbecken
6 Geräteraum

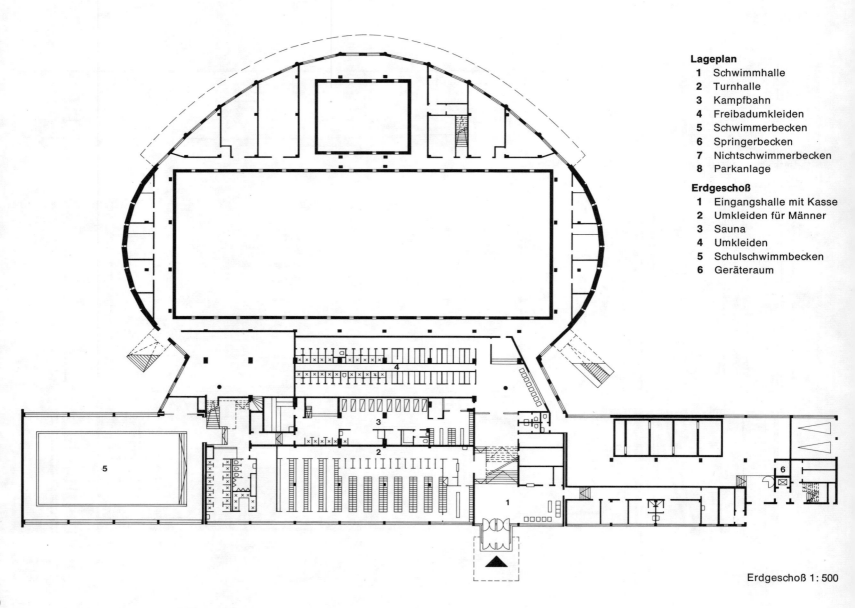

Erdgeschoß 1:500

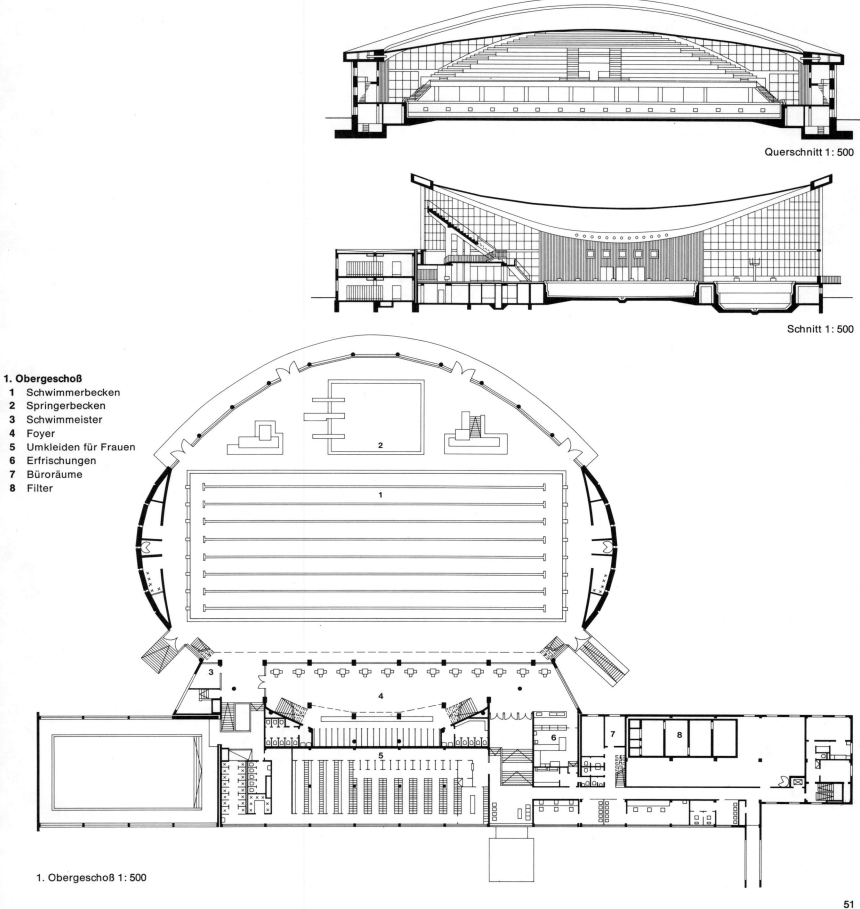

Querschnitt 1:500

Schnitt 1:500

1. Obergeschoß
1 Schwimmerbecken
2 Springerbecken
3 Schwimmeister
4 Foyer
5 Umkleiden für Frauen
6 Erfrischungen
7 Büroräume
8 Filter

1. Obergeschoß 1:500

Hallenbad in Bayreuth

Entwurf Plafog, Kretschmar KG und A. Zapf, Kulmbach
Forschungsprojekt IAB/DIfBSF/DSV
Vereinseigenes Hallenbad als Bestandteil des Hauptsportzentrums der Stadt Bayreuth, neben der Eissportanlage.
Daten Variobecken 21 x 50 x 0,30–1,80 (Teilhubboden) – 2,00 m mit Hubwand an der 25 m-Marke; Springerbecken 10,5 x 13 x 3,8 m mit 1–5 m-Sprunganlage; Kinder-, Alten- und Behindertenbecken 4 x 6 x 0,0–1,35 m (Hubboden); 5½ Umkleideeinheiten mit 41 Wechselkabinen und 528 Garderobeschränken; 4 Duschräume mit je 10 Duschköpfen; Clubraum; Fitneßraum; integrierte Sauna; Zuschauertribüne; Restauration.
Bebaute Fläche 3633 m²; umbauter Raum 37 681 m³ (incl. Umkleiden und Technik Eisbahn)

Erdgeschoß
1 Technik – Schwimmhalle
2 Eingangshalle
3 Anschnallraum
4 Imbiß
5 Polizei, Feuerwehr
6 Sanitäter
7 Betreuungs- und Aufsichtspersonal
8 Umkleideräume
9 Trockenraum
10 Geräte
11 Technik – Kunsteisbahn
12 Sitzplätze
13 Regie
14 Kunsteisbahn
15 Stehplätze

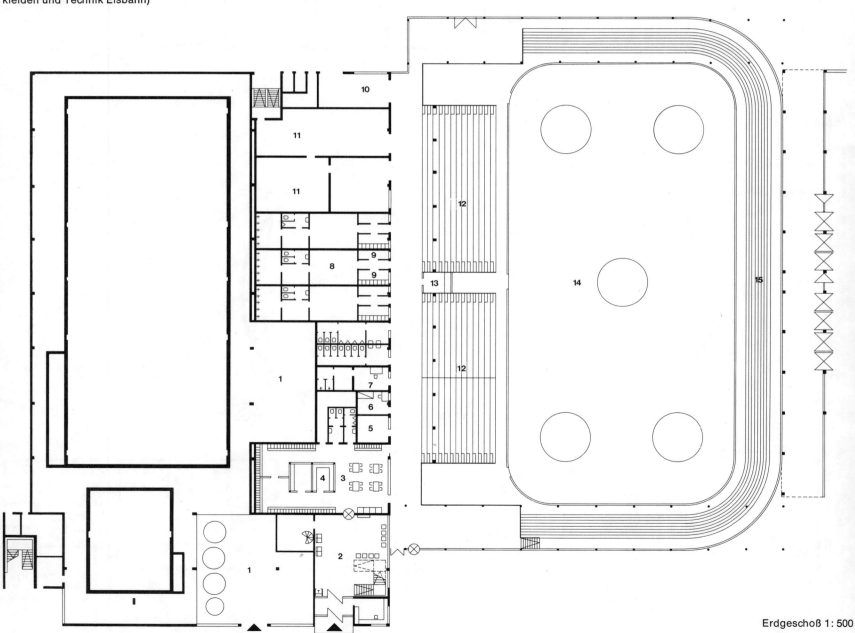

Erdgeschoß 1:500

Lageplan
1. Parkhaus
2. Hallenbad
3. Kunsteisbahn
4. Sporthalle
5. Turnhallen
6. Allwetterplatz
7. Wirtschaftsgymnasium
8. Kugelstoßen, Hochsprung
9. Spielfelder
10. Stadion
11. Gymnasium

Obergeschoß
1. Eingangshalle
2. Milchbar
3. Aufenthalt für Badegäste
4. Kampfrichter
5. Geräte
6. Personal
7. Umkleiden für Behinderte
8. Umkleiden für Mutter und Kind
9. Kinder-, Alten- und Versehrtenbecken
10. Umkleidebereich
11. Sauna
12. Fitneßraum
13. Solarium
14. Schwimmbecken
15. Hubwand
16. Springerbecken
17. Schwimmeister

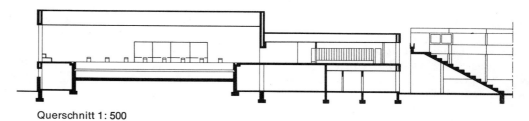
Querschnitt 1:500

Längsschnitt 1:500

Obergeschoß 1:500

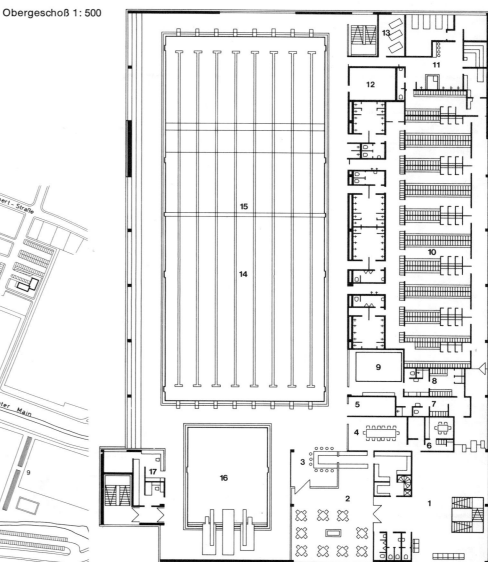

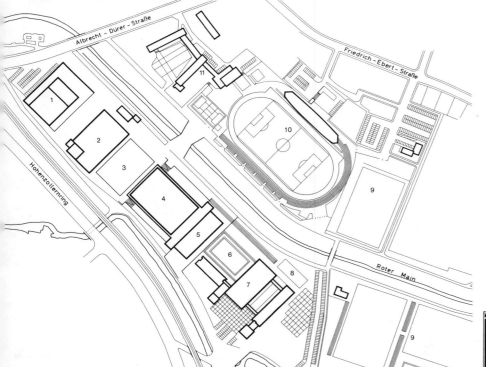
Lageplan 1:5000

Schul- und Sporthallenbad in Wuppertal

Entwurf Lambart und Partner, Düsseldorf
Forschungsprojekt IAB/DIfBSF/DSV
Vorbildliches Schul- und Vereinssportzentrum beim Schulzentrum „Wuppertal-Süd".

Daten Schwimmerbecken 25 x 50 x 2–3,8 m mit 1–3 m-Sprunganlage; Aufwärmebecken 10 m²; 10 Umkleideräume, 22 Wechselkabinen, 400 Garderobenschränke; 4 Duschräume mit je 10 Einzelduschen; Krafttrainingsraum; Massageraum; Sauna; Sporthalle (teilbar in 3 Einzelhallen: 14,5 x 26,7 x 7 m); 2 Turnhallen (14,4 x 27,0 x 5,5 m); Gymnastikraum (9,7 x 12,1 x 4,0 m).
Grundstücksgröße 56 734 m², überbaute Fläche 2200 m² (Schwimmhallenteil); umbauter Raum 29 000 m³ (Schwimmhallenteil); Baukosten 1972 9,9 Mio. DM

Lageplan
1 Fernmeldeturm
2 Dienstwohnung
3 Schulzentrum
4 Schwimmhalle
5 Sporthalle
6 Turnhallen

Erdgeschoß
1 Turnhalle
2 Geräte
3 Lehrer
4 Sanitäter
5 Gymnastikraum
6 Technik
7 Sporthalle
8 Personalbereich
9 Sauna
10 Kraftsportraum
11 Massage
12 Naßräume
13 Aufwärmebecken
14 Schwimmeister
15 Schwimmhalle

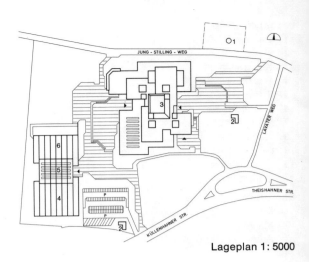

Lageplan 1:5000

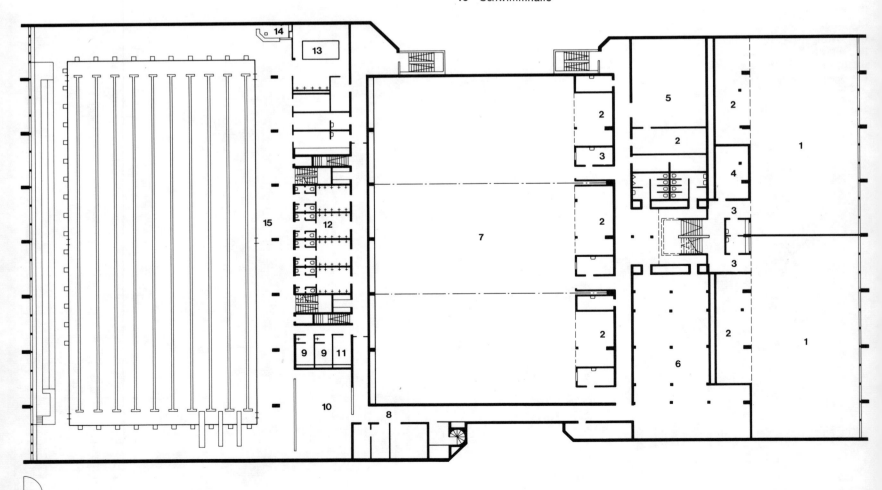

Erdgeschoß 1:500

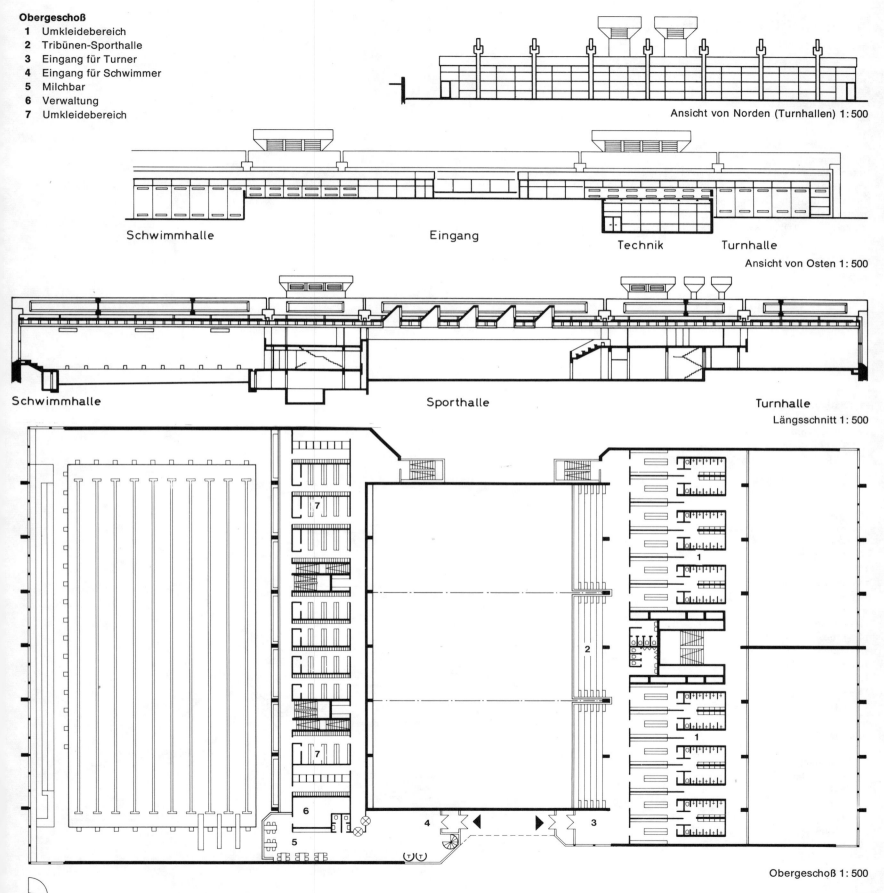

Hallenbad in Heidenheim

Entwurf Welz und Haag, Stuttgart
Forschungsprojekt IAB/DlfBSF/DSV
Zentral gelegenes, von Schulen umgebenes Großhallenbad mit 5 Wasserflächeneinheiten im Sport- und Freizeitzentrum der Stadt. Aus Architektenwettbewerb hervorgegangenes Hallenbad auf der Grundlage des Forschungsprogramms.
Daten Variobecken 21 x 50 x 2,0 mit Hubsteg an der 25 m-Marke; Springerbecken 12,5 x 12,5 x 3,8 m mit 1—5 m-Sprunganlage; Kinder-, Alten- und Behindertenbecken 4 x 8 x 0,0—1,35 m; integrierte Doppelsauna, 7 (14 halbe) Umkleideeinheiten; 4 Duschräume mit je 10 Duschköpfen; Restauration

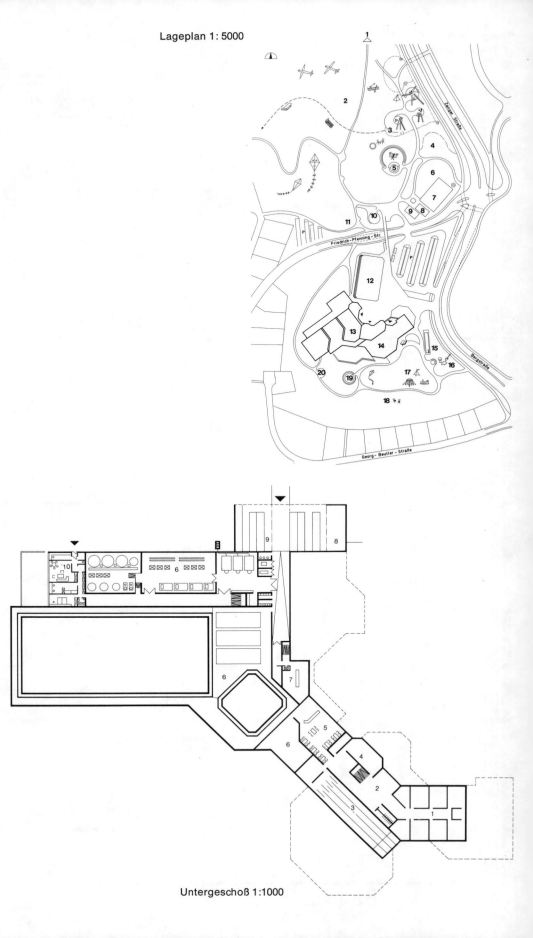

Lageplan 1 : 5000

Untergeschoß 1 : 1000

Lageplan
1 Parkplätze, Kleingärten, Spielbereich
2 Skilaufen, Rodeln, Drachensteigen, Modellfliegen
3 Picknick, Feuerstelle, Ausblick
4 Krocket
5 Freilichttheater
6 Gymnastikwiese
7 Faustball, Handball, Fußball
8 Volleyball
9 Federball
10 Begegnung Kinder — Tiere
11 Schweißtropfenbahn
12 Kunsteis- und Rollschuhbahn
13 Hallenbad
14 Freizeitgebäude
15 Boccia
16 Mutter und Kind
17 Vater und Sohn
18 Ausblick
19 Partymulde, Sonnenbaden
20 Mühle

Untergeschoß
1 Bastelräume
2 Spielhalle
3 Kegelbahn
4 Billard, Tischtennis
5 Bierstube
6 Technik
7 Küche
8 Werkhalle, Reparaturen
9 Fahrräder
10 Dienstwohnung

Erdgeschoß
1. Eingangshalle
2. Sauna
3. Umkleiden — Kunsteis- und Rollschuhbahn
4. Umkleidebereich
5. Variobecken
6. Kinder-, Alten- und Versehrtenbecken
7. Aufenthaltsraum für Badegäste
8. Springerbecken
9. Milchbar
10. Sonnenterrasse
11. Caféterrasse
12. Kinderspielraum
13. Aufstellungsraum
14. Bücherei
15. Tanz im Freien
16. Spielraum, Tanz
17. Diskothek
18. Musik — Übungsraum
19. Altenclubraum
20. Diskussionsraum
21. Mehrzweckraum
22. Spielraum
23. Kunsteis- und Rollschuhbahn

Obergeschoß
1. Dienstwohnung
2. Terrasse
3. Café
4. Luftraum Schwimmhalle

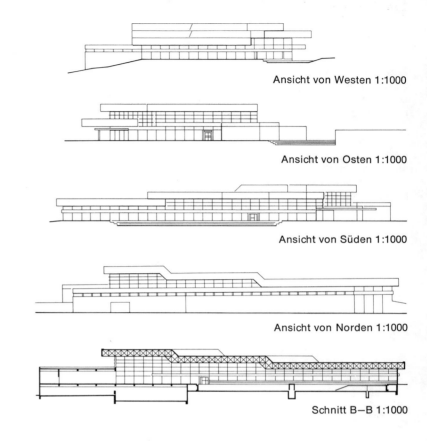

Ansicht von Westen 1:1000

Ansicht von Osten 1:1000

Ansicht von Süden 1:1000

Ansicht von Norden 1:1000

Schnitt B—B 1:1000

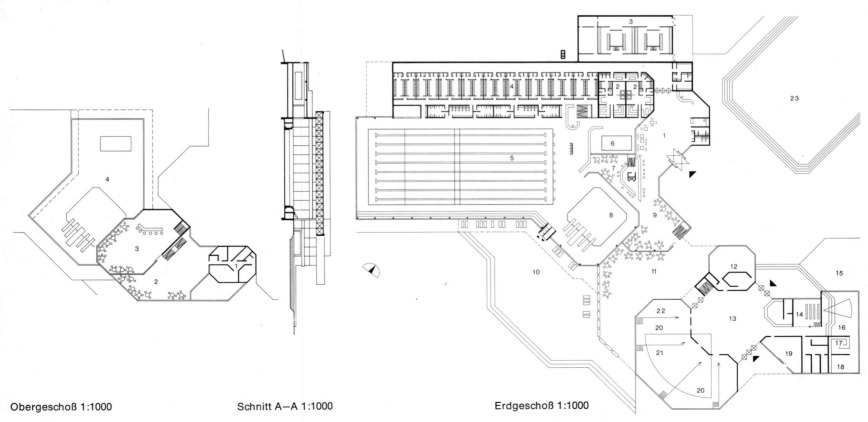

Obergeschoß 1:1000　　Schnitt A—A 1:1000　　Erdgeschoß 1:1000

Schwimmleistungszentrum in Heidelberg

Entwurf W. Freiwald, Marburg
Forschungsprojekt IAB/DIfBSF/DSV
Unter den Bewerbern Zuschlag für Heidelberg vor allem wegen der räumlichen Anbindungsmöglichkeit an Einrichtungen der Universität. Forschungsprogramm für Bundesleistungszentrum voll erfüllt, allerdings noch ausstehende 2. Baustufe, Springerhalle mit 1—10 m-Sprunganlage. Auch alle technischen Voraussetzungen erfüllt, wie Überflutungssystem Bad Pyrmont, Wasserführung Strahlenturbulenz, Hubboden, Ozonstufe, Zeitmeßeinrichtung, Schrittmacheranlage.

Daten Variobecken 25 x 50 m, darin Hubboden 12,50 x 8,00 m; Springerbecken 15,30 x 16,67 x 4,50 mit 1—10 m-Sprunganlage; 12 Umkleideräume; 6 Duschräume; 6 WC; Sauna

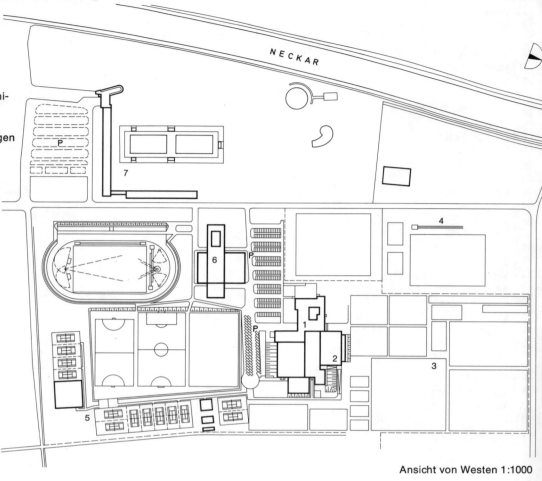

Lageplan
1 Bundesleistungszentrum
2 pädagogische Hochschule
3 Sportanlage für päd. Hochschule
4 Sportanlage für Vereine
5 Tennisplätze
6 Institut für Sport- und Sportwissenschaften
7 Freibad

Ansicht von Westen 1:1000

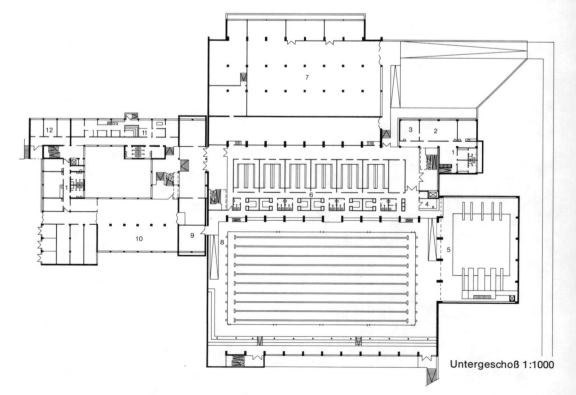

Untergeschoß
1 Personalräume
2 Raum für Seminare
3 Filmarchiv
4 Schwimmeister
5 Springerhalle
6 Umkleidebereich — Schwimmhalle
7 Abstellräume und Werkstätten
8 Schwimmhalle
9 Geräte
10 Tischtennis
11 Saunabereich
12 Trockenraum für Kleidung

Untergeschoß 1:1000

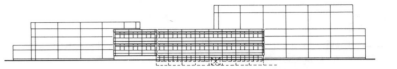

Ansicht von Süden 1:1000

Längsschnitt 1:1000

Ansicht von Norden 1:1000

Erdgeschoß
1 Lehrerräume
2 Sanitäter
3 Geräte
4 Sporthalle
5 Konditionstraining
6 Umkleidebereich – Sporthalle
7 Sporthalle
8 Eingangshalle
9 Verwaltung
10 Forschungsbereich
11 Film- und Vorlesungsraum
12 Bibliothek
13 Arzt
14 Hausmeisterwohnung
15 Hilfskräfte

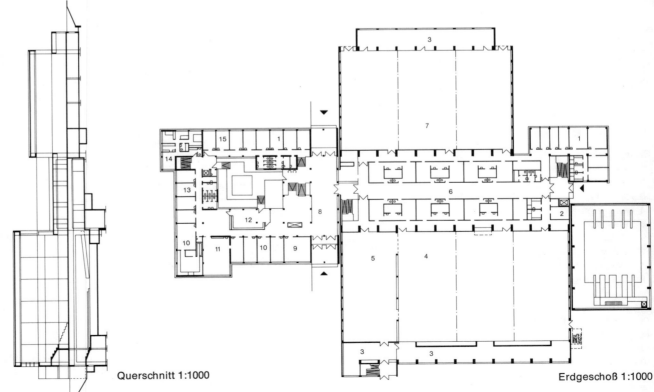

Querschnitt 1:1000

Erdgeschoß 1:1000

DSV-Leistungszentrum Schwimmen in Köln

Entwurf Hochbauamt der Stadt Köln, W. Bleser und H. Schaefler
Forschungsprojekt IAB/DIfBSF/DSV
Schwimmleistungszentrum des Deutschen Schwimm-Verbandes und der Deutschen Sporthochschule.
Daten Schwimmerbecken 21 x 50 x 2,0–2,2 m; Springerbecken 20 x 20 x 5 m mit 1–10 m-Sprunganlage und 1–3 m-Hydraulikturm; Gesamtwasserfläche 1450 m²; Aufwärm- bzw. Lehrschwimmbecken; 8 Sammelumkleideeinheiten mit je einer Trainerkabine; 250 Garderobenschränke; 4 Duschräume mit je 8 Duschköpfen; Fitneßraum; Unter-Überwasser-Beobachtungsstand am Springerbecken; elektr. Zeitmeßanlage im Schwimmerbecken; 100 Sitzplätze auf der Galerie.
Umbauter Raum 46 952 m³; Baukosten außer Heizung ca. 12,9 Mio. DM

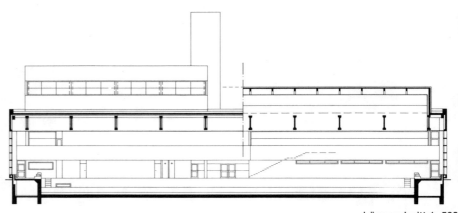

Längsschnitt 1:500

Erdgeschoß
1 Aufwärmbecken
2 Arzt
3 Umkleiden
4 Aufwärmraum
5 Massage
6 Schwimmhalle
7 Schwimmeister
8 Regiezentrale
9 Springerbecken
10 Becken mit Extremtemperaturen
11 Beobachtungsstand
12 Geräte
13 Sanitäter
14 Eingangshalle
15 Luftraum Gymnastikhalle

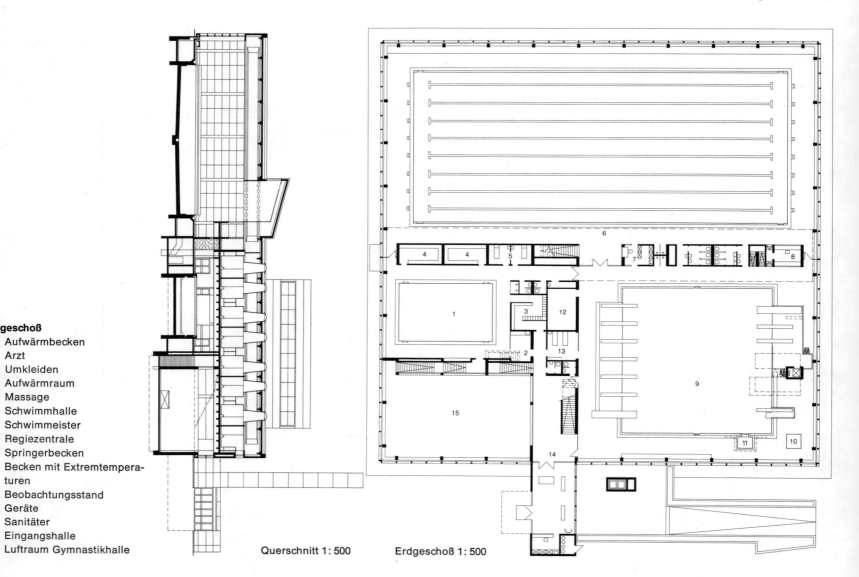

Querschnitt 1:500   Erdgeschoß 1:500

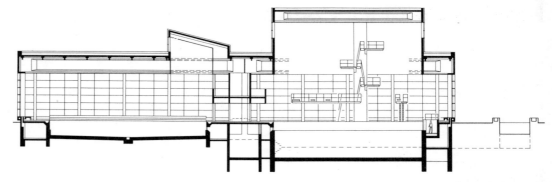

Querschnitt 1:500

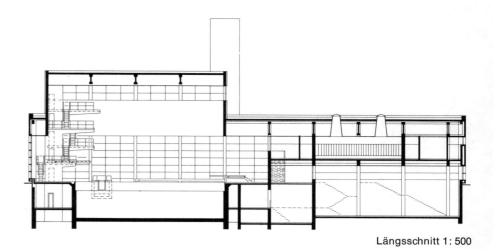

Längsschnitt 1:500

Obergeschoß
1. Umkleiden
2. Geräte
3. Technik
4. Galerie für Trainer
5. Besprechungszimmer

Obergeschoß 1:500

Hallenbad in Zürich-Oerlikon

Entwurf M. + P. Kollbrunner, Zürich
Forschungsprojekt IAB
Durch Volksabstimmung 1973 bestätigt, wird Zürich das erste nach internationalen Maßstäben voll sportgerechte Hallenbad der Schweiz erhalten. Kleine Änderungen (Einsparungen) dieser Projektpläne sind noch zu erwarten, Programmabstriche nicht. Günstige Lage im dichtbesiedelten Außenquartier in Nähe Hallenstadion, Ausstellungsgelände und projektierte Kunsteisbahn. Evtl. später im angrenzenden Grünzug der Freihaltezone Zuordnung eines Freibeckens.

Daten Variobecken 21 x 50 x 2,0 m mit 16,66 x 21,00 x 1,2–2,0 m (Teilhubboden), Springerbecken 19,6 x 15,0 x 4,5 m mit 1–10 m Sprunganlage; zusätzliche Trockensprunganlage; Nichtschwimmer- und Einschwimmbecken 10,0 x 25,0 x 0,6–1,25 m, Kinderbecken 20 m²; Gesamtwasserfläche 1614 m², Gesamtwasserinhalt 3990 m³; 600 Zuschauerplätze auf Sitzstufenanlagen, die im normalen Badebetrieb Liegeplätze darstellen; 6 Umkleideräume mit je 6 Umkleidekabinen und je 150 Garderobenschränken; 3teiliger Duschenblock (70 Duschen), WC-Anlagen; Gymnastikhalle 10,0 x 18,0 x 4,5 m und Krafttrainingsraum am Barfußgang; 2 Sauna-Abteilungen mit 45 Plätzen in 3 Saunastuben; Selbstbedienungs-Kassen- und Kontrollsystem; Schlafräume für auswärtige Sportler (48 Plätze); Restaurant mit 200 Plätzen
Grundstücksgröße 29 000 m² (inclusive Freihaltezone); bebaute Fläche 7200 m²; umbauter Raum 90 000 m³; Baukosten 28,5 Mio SFR (Preisspiegel 1972)

Erdgeschoß
1 Eingangshalle
2 Sauna
3 Vereine, Schwimminstruktion
4 Wäscheausgabe
5 Umkleidebereich
6 Haartrockner
7 Krafttraining
8 Gymnastikhalle
9 Geräte
10 Abstellraum
11 Sitzstufen
12 Zeitmessung
13 Schwimmerbecken
14 Trockenübungen
15 Schwimmeister
16 Nichtschwimmerbecken
17 Kinder-, Alten- und Versehrtenbecken
18 Springerbecken
19 Trockensprunganlage
20 Wärmeraum
21 Technik
22 Schwimmlehrer
23 Personalbereich
24 Verwaltung

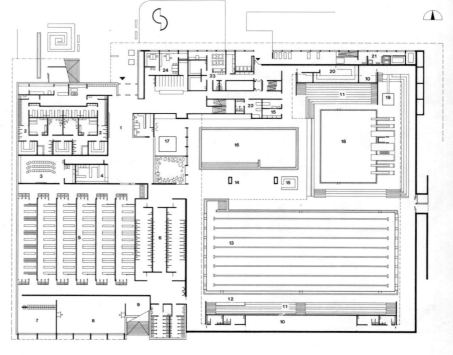

Erdgeschoß 1:500

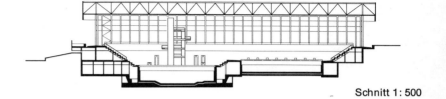

Schnitt 1:500

Obergeschoß
1. Sitzstufen
2. Schwimmbecken
3. Springerbecken
4. Trockensprunganlage
5. Personalbereich
6. Küche
7. Restaurant
8. Clubraum
9. Kinderspielplatz
10. Grünfläche

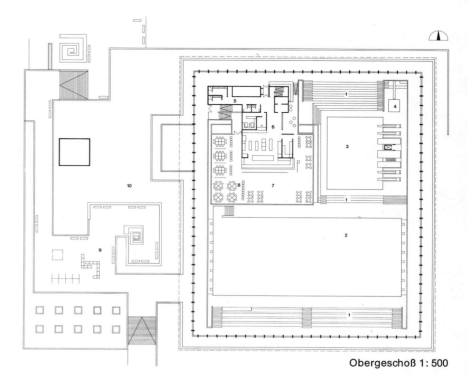

Obergeschoß 1:500

Olympia-Schwimmhalle in Tokio

Entwurf K. Tange

Schwimmhalle und Sporthalle bilden eine städtebauliche und architektonische Einheit und wurden im September 1964 für die Olympischen Spiele fertiggestellt. Die Grundstücksgröße beträgt 91 000 m², der umbaute Raum der Olympia-Schwimmhalle 192 000 m³. Die Halle beinhaltet 3 Becken: Schwimmerbecken 22 x 50 x 2,1 m, Springerbecken 22 x 22 x 5,1 m und Trainingsbecken in gesondertem Anbau 12,5 x 50 m. Die Tribünen besitzen 11 300 Sitzplätze.

Obergeschoß
1 Schwimmerbecken
2 Springerbecken
3 Tribüne

Erdgeschoß
1 Eingangshalle
2 Information
3 Terrasse
4 Tribünen
5 Ehrengäste
6 Lager
7 Schwimmerbecken
8 Springerbecken

Lageplan
1 Schwimmhalle
2 Eingangshalle
3 Sporthalle
4 Promenade

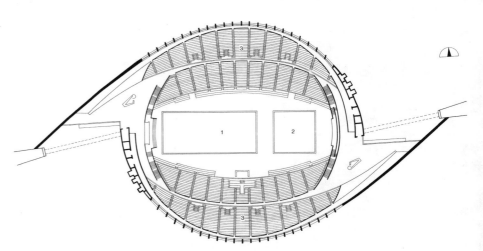

Obergeschoß 1:2000

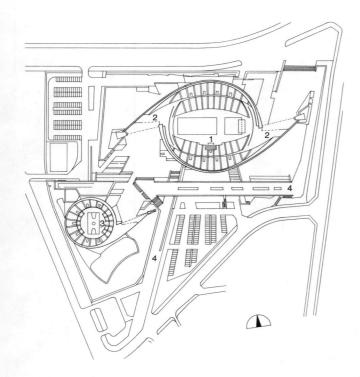

Lageplan 1:5000

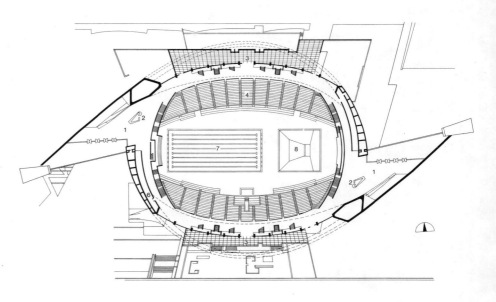

Erdgeschoß 1:2000

1. Untergeschoß
1. Foyer
2. Restaurant und Café
3. Trainingsbecken
4. Tribüne
5. Technik
6. Wertung

2. Untergeschoß
1. Schwimmerbecken
2. Springerbecken
3. Presse
4. Lager
5. Bühne
6. Maschinenraum
7. Traforaum
8. Waschräume und Garderoben
9. Trainingsbecken
10. Eingangshalle

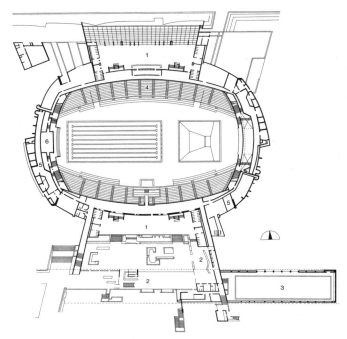

1. Untergeschoß 1:2000

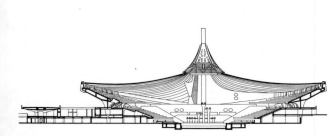

Schnitt 1:2000

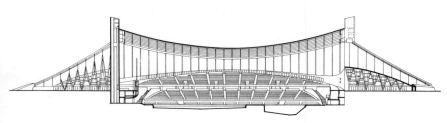

Schnitt 1:2000

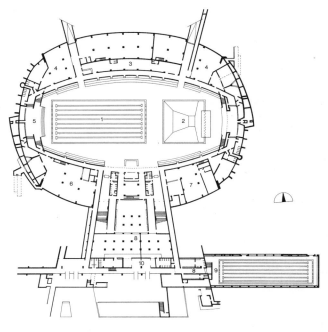

2. Untergeschoß 1:2000

Olympiaschwimmhalle in München

Entwurf Behnisch & Partner, J. Bauer, G. Haberer, P. Rogge, W. Wolf
Forschungsprojekt IAB/DIfBSF/DSV
Austragungsstätte der Olympischen Schwimmwettkämpfe 1972, danach öffentliches Gartenhallenbad, z. T. Hochschulbad (12,5 x 50 m-Becken) sowie Trainings- und Wettkampfstätte, Inbetriebnahme 1. 7. 72.

Daten Variobecken 21 x 50 x 2,0 m; Springerbecken 21,5 x 20 x 5 m; komplette 1–10 m-Sprunganlage mit Fahrstuhl; Aufwärmbecken für Springer (zugleich Kleinkinderbecken) 48 m²; 430 Garderobenschränke, 120 Wechselkabinen, zentrale Kleiderabgabe für 1620 Badegäste; Aufwärm- und Schulschwimmbecken 8 x 16,66 x 0,3–1,80 m (Hubboden); Trainingsbecken 12,5 x 50 x 0,6–3,50 m (Teilhubboden), Klappwand an der 25 m-Marke; 1 m-Sprunganlage; 8 Sammelumkleideräume mit 460 Garderobenschränken und 70 Haken; Gesamtwasserfläche 2283,65 m²; Restaurant mit 100 Plätzen; 2 Saunaanlagen für je 40 Personen; Räume für Presse, Funk und Fernsehen; 9200 Tribünenplätze während der Spiele, 1600 jetzt; Liegewiese 13 000 m².
Umbauter Raum 222 000 m³ (Olympischer Ausbauzustand)

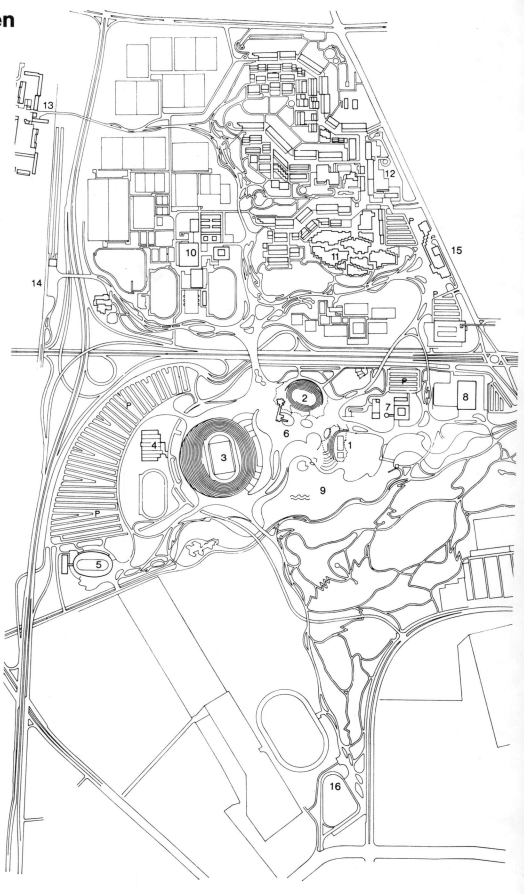

Gesamtlageplan

1. Schwimmhalle
2. Sporthalle
3. Stadion
4. Aufwärmhalle
5. Radrennbahn
6. Zentrum
7. Fernsehraum
8. Eissporthalle
9. See
10. zentrale Hochschulsportanlage
11. Studentendorf
12. Olympisches Dorf
13. Pressestadt
14. S-Bahn-Station
15. U-Bahn-Station
16. Straßenbahnstation

Erdgeschoß (olympischer Zustand)

1. demontable Tribüne (nur während der Olymp. Spiele vorhanden)
2. Springerbecken
3. Schwimmerbecken
4. Kinderbecken bzw. Wärmebecken
5. Trainingsbecken
6. Schwimmeister
7. Schulschwimmbecken
8. Sammelumkleiden
9. Wechselkabinen mit **Schränken**
10. Elt.-Zentrale
11. Sauna
12. Presse

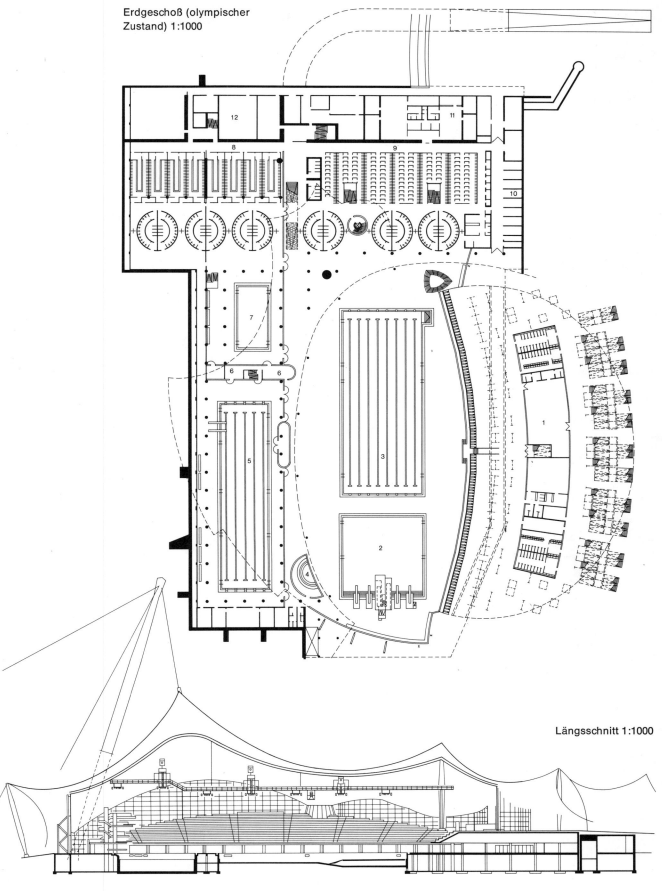

Erdgeschoß (olympischer Zustand) 1:1000

Längsschnitt 1:1000

Obergeschoß (nacholympischer Zustand)

1. Milchbar
2. Arzt
3. Rundfunk
4. Fernsehen
5. Elt.-Anlage
6. Abstellraum
7. Kassen
8. Tribüne

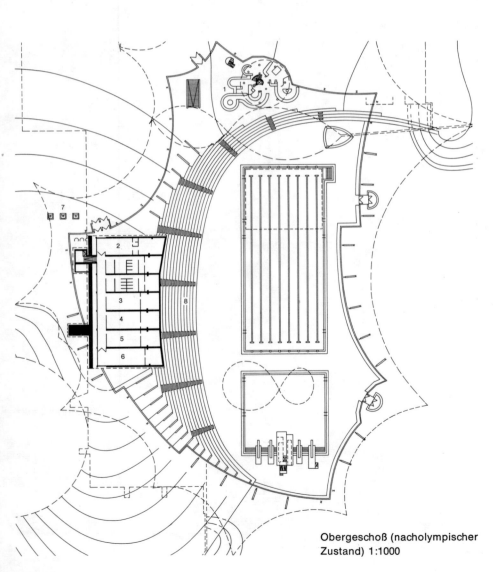

Obergeschoß (nacholympischer Zustand) 1:1000

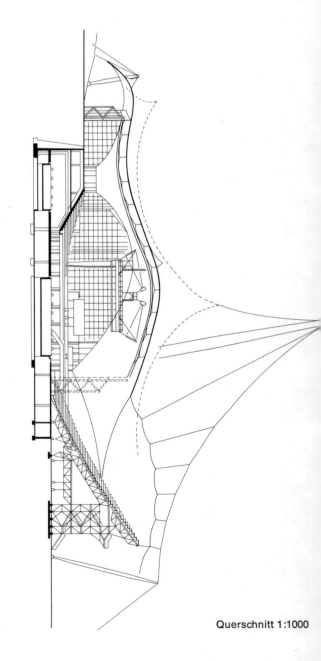

Querschnitt 1:1000

Freizeitzentrum Miramar-Weinheim

Entwurf J. und W. Lippert, Mannheim
Naherholungszentrum für den Raum Weinheim-Heidelberg-Mannheim mit Wellenbad, Massagebad, Sprudelbad, Solarium, integrierte Doppelsauna, Aufenthaltsräumen, Ruheräumen, Spielzonen, Restauration.
Daten Wellenbecken 20 x 37 x 0,0—2 m; Massagebad 125,6 m² mit 15 Massagedüsen; Sprudelbad 20 m.
Umbauter Raum 23 320 m³, Baukosten 8 Mio. DM

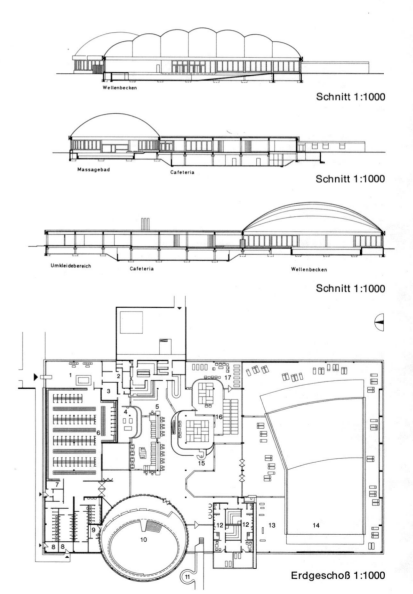

Erdgeschoß
1 Eingangshalle
2 Personalräume
3 Friseur
4 Spielbereich
5 Café
6 Umkleidebereich
7 Sanitäter
8 Chlorraum
9 Schwimmeister
10 Massagebad
11 Sprudelbad
12 Sauna
13 Fitneßbereich
14 Wellenbecken
15 Aufsicht
16 Solarium
17 Ruheraum

Hallenfreibäder, Forschungsprogrammentwürfe IAB/DIfBSF/DSV

Aufgrund der nachstehenden neuen, für die Planung von Hallenfreibädern wichtigsten Fakten wurden vom Forschungsgremium im Anschluß an eine umfassende Dokumentation Raumprogrammentwürfe für die 4 verschiedenen Größenordnungen entwickelt, die alle Grundsätze berücksichtigen und für zahlreiche Hallenfreibadentwürfe von Architekten, Wettbewerbs- oder Generalunternehmerverfahren gewählt wurden.

Grundfakten:

1. Standortwahl unter Berücksichtigung des Umweltschutzes und der möglichen Beeinflussung lärmempfindlicher, benachbarter Bauten (Krankenhäuser, Schulen, Friedhöfe usw.).
2. Richtige Zuordnung und enge Anordnung der Innen- und Außenbeckenbereiche, der Beachtung der Besonnungsmöglichkeit bei Wasser- und Aufenthaltsflächen im Freien. Verbindung zwischen Schwimmhalle und mindestens einem Außenbecken (vorrangig Nichtschwimmerbecken, gleichzeitig als Trimmbecken, auch bis weit in die Übergangszeiten hinein), durch Schwimmkanal, überdeckten, erwärmbaren Gang oder Windfang.
3. Offene und überdeckte Restaurationsbereiche auf der Stiefel- und Barfußseite, möglichst mit Blick auf die Innen- und Außenwasserflächen und auf die Kinderbereiche.
4. Gemeinsamer Eingangsbereich mit Teilung der Verkehrswege 1. direkt zu den Freibereichen und 2. zu den Umkleiden. Konsequente Anwendung des Kassen- und Kontrollsystems mit Selbstbedienung bei gleitender Aufsicht und unter Anwendung von Marken- bzw. Kartengebern, Drehkreuzanlagen und Pfandschloßsystemen bei den Garderobenschränken.
5. Alle weiteren Nebenräume ebenfalls in der Einzahl und zusammengefaßt für Hallenbad- und Freibadteil. In Sonderfällen bei sehr unterschiedlichem Einzelbedarf (Freibad und Hallenbad) Restbedarf an Umkleideplätzen und sanitären Einrichtungen zwischen der Außenbadeplatte und der Liegewiese. Bei der Bemessung der Umkleiden und Sanitäreinrichtungen wird nur der größte Bedarfsfall, entweder Hallenbad oder Freibad, in Ansatz gebracht. Abschaltmöglichkeit der Schwimmhalle zu Reparaturzwecken durch Verschließbarkeit der Dusch- und Toilettenräume Richtung Schwimmhalle und Aus- und Eingang mit vorgeschaltetem Durchschreitebecken am Ende des Barfußganges des Umkleidebereiches.
6. Zentrale Lage des Schwimmeisterplatzes, bzw. -raumes mit Überblick über möglichst alle Innen- und Außenfunktionsflächen.
7. Lage der Doppelsauna möglichst unmittelbar an der Eingangshalle wegen der gleitenden bzw. wechselnden Saunaaufsicht (sie wird frei für andere Zwecke, sobald bei mittlerem und stärkerem Betrieb frei angestellte Masseure tätig werden (Musterbeispiel z. B. Hallenfreibad Freiburg-Haslach).
8. Personalwohnung oder -wohnungen immer getrennt vom Hauptbaukörper (Vermeidung von Lärmbelästigung).
9. Bei Neubauten grundsätzlich zusammengefaßter Betrieb des Hallen- und Freibadteiles mit einheitlichem Eintrittspreis, in der Sommerzeit niedriger, in der Winterzeit höher. Auch in Sonderfällen bei Zubauten von Hallenbadteilen zu bestehenden Freibädern soll dieses Ziel, gegebenenfalls unter Abriß alter Umkleidebauten, angestrebt werden wie z. B. beim Hallenfreibad in Bad Pyrmont (siehe Seite 98).

Bei guter Abstimmung des Programms auf Art, Zusammensetzung und Größe des Einzugsbereiches und etwa vorhandenen Bestand, bei richtiger Standortwahl, geschickter Grundrißlösung, die einen reibungslosen Betriebsablauf bei allen Betriebszuständen gewährleisten soll, rationellem Personaleinsatz, bei angemessenen Öffnungszeiten und Eintrittspreisen, lassen sich Hallenfreibäder nur mit geringen Folgekosten betreiben.

10. Zusammenfassung der technischen Einrichtungen mit der Möglichkeit von Zu- und Abschaltungen.

Programmentwurf 1 für 5—10 000 Einwohner mit 268 m² Innenwasserfläche und ca. 1000 m² Außenwasserfläche mit Grundstücksgröße von ca. 12 000 m² (ohne Stellplätze). Die Kubatur der Hochbauten liegt bei ca. 9700 m³.

Programmentwurf 2 für ca. 20 000 Einwohner mit 464 m² Innenwasserfläche, ca. 2000 m² Außenwasserfläche mit Grundstücksgröße von ca. 25 000 m² (ohne Stellplätze). Der umbaute Raum der Hochbauten liegt bei ca. 12 500 m³.

Programmentwurf 3 für Einzugsbereiche von ca. 30 000 Einwohnern mit 607 m² Innenwasserfläche, ca. 2600 m² Außenwasserfläche und einer Grundstücksfläche von ca. 35 000 m² (ohne Stellplätze). Der umbaute Raum der Hochbauten liegt bei ca. 20 000 m³.

Programmentwurf 4 für Einzugsbereiche von ca. 50 000 Einwohnern mit 998 m² Innenwasserfläche (als Sonderfall mit sportlicher Erweiterung auf 50 m-Innenbecken), mit ca. 3800 m² Außenwasserfläche und einer Grundstücksfläche von ca. 50 000 m² (ohne Stellplätze). Der umbaute Raum der Hochbauten liegt bei ca. 28 000 m³.

Größenordnung A
1. Eingangshalle
2. Restaurant
3. Terrasse für Besucher
4. Aufenthaltsraum für Badegäste
5. Terrasse für Freibadgäste
6. Kinderspielraum
7. Kinder-, Alten- und Versehrtenbecken
8. Schwimmeister
9. Variobecken
10. Sauna
11. Umkleide- und Sanitäreinheit für Behinderte und Familien
12. Umkleidebereich
13. Personal
14. Geräte
15. Fitneßraum
16. Schwimmkanal
17. Nichtschwimmerbecken
18. Schwimmeister
19. Springerbecken
20. Schwimmerbecken
21. Kinderspielplatz
22. Umkleide- und Sanitäreinheit — Freibad

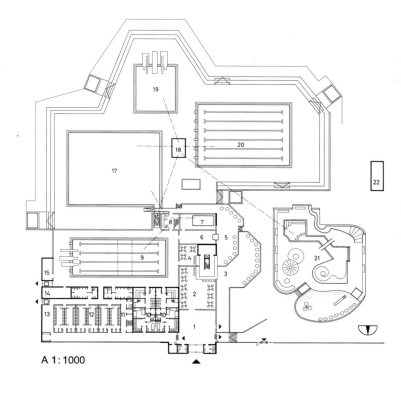

A 1:1000

Größenordnung B
1. Eingangshalle
2. Personal
3. Sauna
4. Umkleide- und Sanitäreinheit für Behinderte und Familien
5. Umkleidebereich
6. Geräte
7. Außengeräte
8. Fitneßraum
9. Kinderspielraum
10. Kinder-, Alten- und Versehrtenbecken
11. Schwimmeister
12. Nichtschwimmerbecken
13. Schwimmerbecken
14. Springerbecken
15. Aufenthaltsraum für Badegäste
16. Restaurant für Besucher
17. Terrasse für Besucher
18. Terrasse für Freibadgäste
19. Schwimmkanal
20. Nichtschwimmerbecken für Erwachsene
21. Springerbecken
22. Schwimmerbecken
23. Nichtschwimmerbecken
24. Kinderspielplatz
25. Umkleide- und Sanitäreinheit — Freibad

C 1:1000

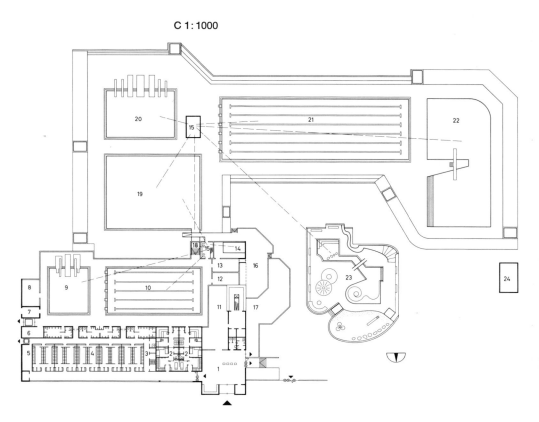

Größenordnung C
1. Eingangshalle
2. Sauna
3. Umkleide- und Sanitäreinheit für Behinderte und Familien
4. Umkleidebereich
5. Personal
6. Geräte
7. Außengeräte
8. Fitneßraum
9. Springerbecken
10. Variobecken
11. Restaurant
12. Aufenthalt für Badegäste
13. Kinderspielraum
14. Kinder-, Alten- und Versehrtenbecken
15. Schwimmeister
16. Terrasse – Freibad
17. Terrasse für Besucher
18. Schwimmkanal
19. Nichtschwimmerbecken für Erwachsene
20. Springerbecken
21. Schwimmerbecken
22. Nichtschwimmerbecken für Kinder
23. Kinderspielplatz
24. Umkleide- und Sanitäreinheit – Freibad

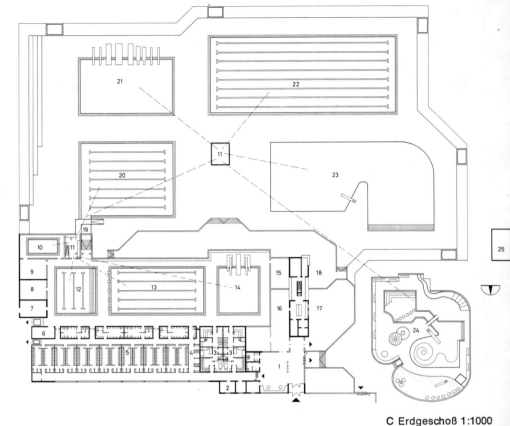

C Erdgeschoß 1:1000

Größenordnung D – Erdgeschoß
1. Eingangshalle
2. Verwaltung
3. Personal
4. Sauna
5. Umkleide- und Sanitäreinheit für Behinderte und Familien
6. Umkleidebereich
7. Geräte
8. Außengeräte
9. Sanitäter
10. Variobecken
11. Springerbecken
12. Fitneßraum
13. Aufenthaltsraum für Badegäste
14. Kiosk
15. Kinderspielraum
16. Kinder-, Alten- und Versehrtenbecken
17. Schwimmeister
18. Schwimmkanal
19. Nichtschwimmerbecken für Erwachsene
20. Springerbecken
21. Schwimmeister
22. Schwimmerbecken
23. Nichtschwimmerbecken für Kinder
24. Kinderspielplatz
25. Umkleide- und Sanitäreinheit – Freibad

Größenordnung D – Obergeschoß
1. Terrasse für Freibadgäste
2. Restaurant für Freibadgäste
3. Küche
4. Restaurant für Besucher
5. Terrasse für Besucher
6. Clubraum
7. Personal

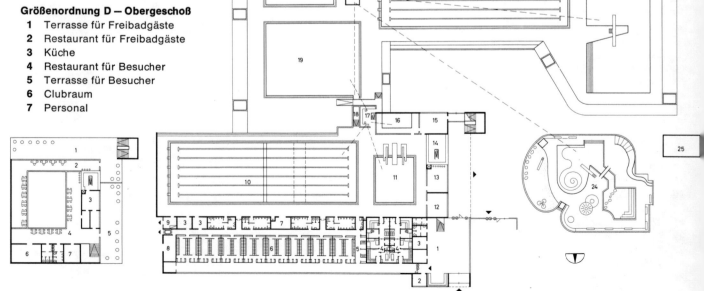

D Erdgeschoß 1:1000

D Obergeschoß 1:1000

KLEINKINDER- WASSER- UND TROCKENSPIELPLATZ
Bau- und Betriebsforschungsserie
funktionsgerechte und wirtschaftliche Bäder-, Sport- und Freizeitbauten
IAB / DIfBSF / DSV

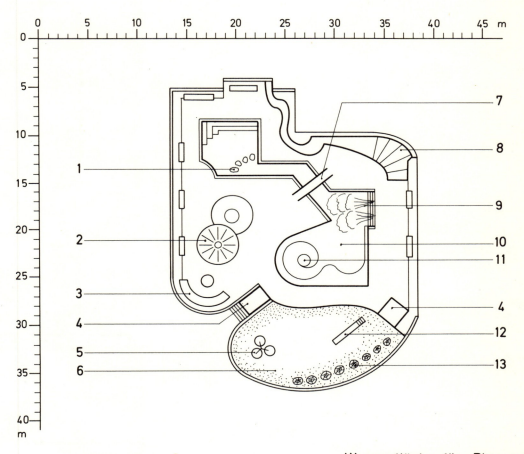

1	Hüpfsteine
2	Klettergerüst
3	Sitzecke
4	Durchschreitebecken
5	Klettergerüst
6	Sandgrube
7	Brücke
8	Spielbach
9	Wasserfall
10	Becken
11	Springbrunnen
12	Rutsche
13	Baumstämme

Wasserfläche für Planungseinheit
1 = 100 qm
2 = 150 qm
3 = 200 qm
4 = 200 qm

Hallenfreibad Motel Landhaus, Giswil, CH

Entwurf R. Ugolini

An der Bundesstraße Luzern—Interlaken vor dem Brüningpaß gelegenes, voll zusammengefaßtes Motel-Hallenbad. In den Übergangszeiten kann man von innen durch eine verschließbare Öffnung ins Freie schwimmen.

Daten Innenbecken 5,0 x 9,5 x 1,60 m; Außenbecken 7,50 x 13,5 x 1,80 m; Planschbecken; Sauna; Umkleide- und Duschräume; Inbetriebnahme 1968

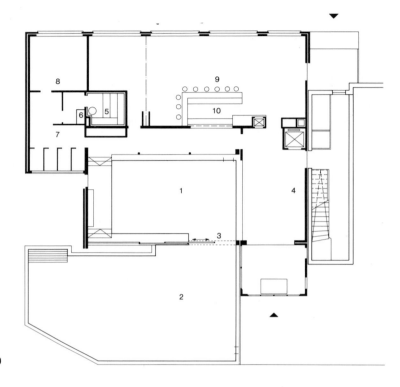

Erdgeschoß 1 : 250

Erdgeschoß
1 Innenbecken
2 Außenbecken
3 Schleuse
4 Liegeräume
5 Saunaraum
6 Tauchbecken
7 Dusch- und Umkleideraum, WC
8 Massage- und Fangoraum
9 Restauration
10 Theke

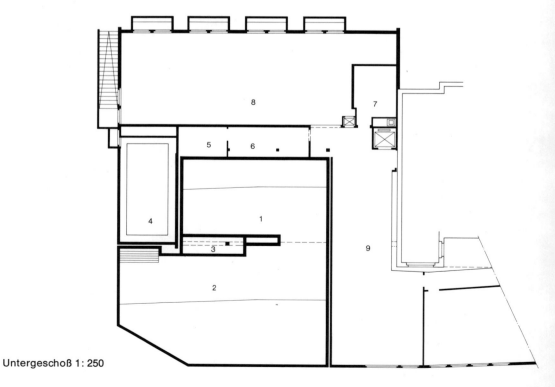

Untergeschoß 1 : 250

Untergeschoß
1 Innenbecken
2 Freibecken
3 Ausgleichsbecken
4 Tankraum
5 Lüftung
6 Regenerieranlage
7 Heizung
8 Kellerraum
9 Kellerraum

Hallenfreibad in Mauerkirchen/A

Entwurf A. Podgorschek, Wien
Forschungsprojekt IAB/DIfBSF/DSV
Voll integriertes Hallenfreibad für 8000 Einwohner im Einzugsbereich. Wegen der geringen Einzugsgröße und aus finanziellen Gründen reduzierte Außenwasserfläche (570 m²), Innenwasserfläche (274 m²). Alle Becken aus Edelstahl. In der ersten Baustufe bleiben die Innenbecken zunächst ungedeckt. Gute Zu- und Anordnung der einzelnen Teile. Vorbildlicher Restaurationsbereich.

Daten Innenraum: Variobecken mit 1–3 m-Sprunganlage 10 x 25 x 3,50 m; Kinder-, Alten- und Behindertenbecken 3 x 8 x 0,60–1,35 m (Hubboden); 2½ Umkleideeinheiten mit 220 doppelgeschossig angeordneten Garderobenschränken und Doppelduschraum mit 10 Duschköpfen; integrierte Doppelsauna; Fitneßraum; Clubraum; Restauration.
Außenraum: Nichtschwimmerbecken 20 x 25 x 0,80–1,35 m (Trimmbecken), Kinderwasserspielplatz 70 m².
Bebaute Fläche 1679 m²; umbauter Raum 8393 m³

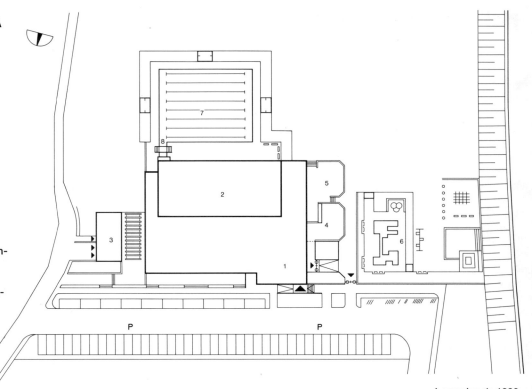

Lageplan 1:1000

Ansicht von Westen 1:500

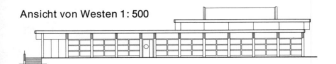

Längsschnitt 1:500

Ansicht von Norden 1:500

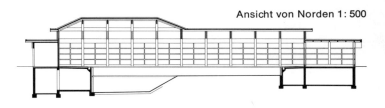

Lageplan
1 Eingang und Restaurant
2 Schwimmhalle
3 Dienstwohnung
4 Terrasse für Besucher
5 Terrasse für Badegäste
6 Kinderspielplatz
7 Freibad
8 Schwimmkanal

Erdgeschoß
1 Eingangshalle
2 Restaurant
3 Ausgang zum Freibad
4 Terrasse für Besucher
5 Terrasse für Badegäste
6 Umkleidebereich
7 Schwimmeister
8 Sauna
9 Fitneßraum
10 Geräte
11 Variobecken
12 Aufenthaltsraum für Badegäste
13 Kinderspielraum
14 Kinder-, Alten- und Versehrtenbecken
15 Schwimmkanal

Erdgeschoß 1:500

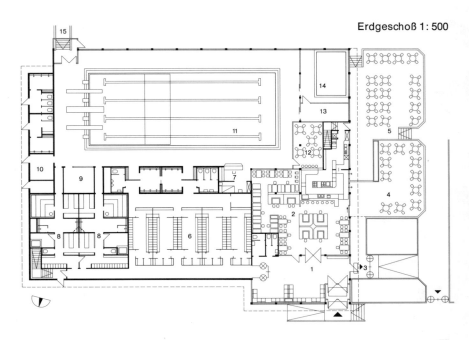

Querschnitt 1:500

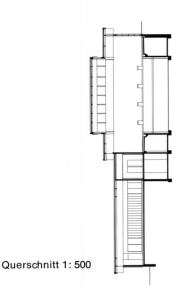

Hallenfreibad in Bederkesa

Entwurf R. Störmer, Bremen
Forschungsprojekt IAB/DIfBSF/DSV
Der ländlichen Gegend architektonisch und funktionell gut angepaßtes Hallenfreibad. In der Bemessung der Umkleiden nach damaligen Richtwerten.
Daten Innenraum Variobecken 8 x 25 x 0,3–1,8 (Teilhubboden) – 3,8 m mit 1–3 m-Sprunganlage; 10 Wechselkabinen; zentrale Kleiderabgabe mit 170 Bügeln; 2 Sammelumkleideräume; 51 Dauermietfächer; 2 Duschräume mit je 8 Duschen; Restauration. Außenraum Nichtschwimmerbecken 12,5 x 25 x 1,25 und Anhang 11 x 18 x 0,6–1,25 m; Planschbecken 50 m²; geplant sind noch ein Schwimmerbecken 12,5 x 50 x 2,0 m sowie ein Springerbecken 14,5 x 18 x 4,80 mit 1–10 m-Sprunganlage. – 32 Wechselkabinen, 4 Sammelumkleideneinheiten
Grundstücksgröße 23 700 m²; bebaute Fläche 2840 m²; umbauter Raum 9420 m³; Baukosten 2,4 Mio DM; Inbetriebnahme 31. 1. 1969

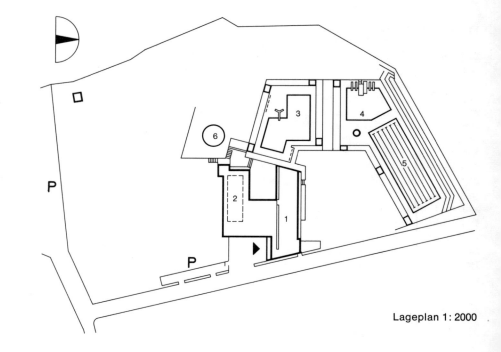

Lageplan 1 : 2000

Lageplan
1 Umkleiden – Freibad
2 Hallenbad
3 Nichtschwimmerbecken
4 Springerbecken
5 Schwimmerbecken
6 Kinderbecken

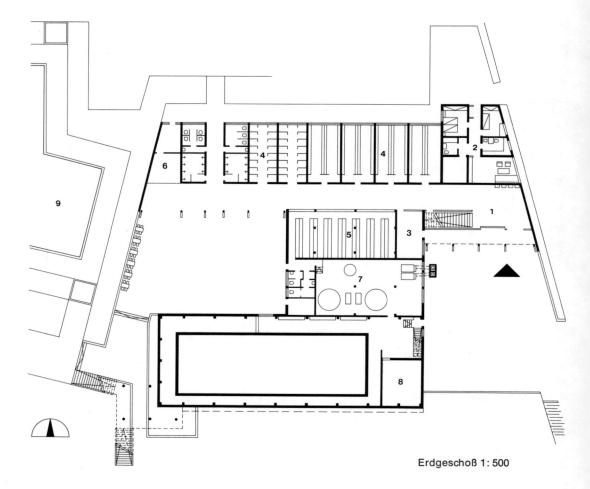

Erdgeschoß
1 Eingangshalle
2 Hausmeisterwohnung
3 Verwaltung
4 Umkleiden – Freibad
5 zentrale Kleiderabgabe – Freibad
6 Milchbar
7 Technik
8 Öllager
9 Nichtschwimmerbecken

Erdgeschoß 1 : 500

Querschnitt 1:500

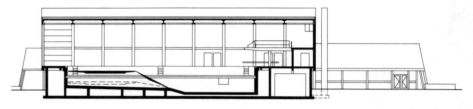

Längsschnitt 1:500

Obergeschoß

1 Verteilerflur
2 Umkleiden
3 Duschräume, variabel
4 Schwimmhalle
5 Hubboden
6 Geräteraum
7 Schwimmeister
8 Durchgang zum Freibad

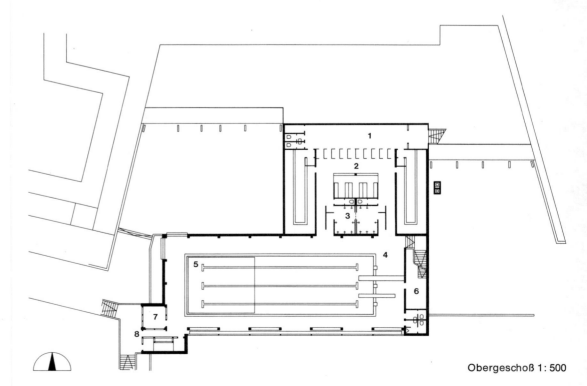

Obergeschoß 1:500

77

Hotel-Allwetterbad in Vitznau/Ch

Entwurf E. Ulrich, Zürich
Teilüberdachtes Becken und hochfahrbare Fensterwand.
Daten Schwimmbecken 10 x 22 x 0,8–3,2 m; 1 m-Sprunganlage;
264 m² Wasserfläche; 8 Wechselkabinen, 60 Gardebrobenschränke;
4 Duschen; Bar; Sauna.
Grundstücksgröße 3600 m²; umbauter Raum 1800 m³;
Baukosten 1967 1,3 Mio sfrs

Erdgeschoß
1 Innenbecken
2 hebbare Glastrennwand
3 Außenbecken
4 Sprungbrett
5 Planschbecken
6 überdachter Tischtennisplatz
7 Restaurationsterrasse
8 Bar
9 Schwimmeister
10 Liegeplatz
11 Sauna – Umkleiden Herren
12 Wasserraum – Herren
13 Sauna – Herren
14 Ruheraum – Herren
15 Sauna – Umkleiden Damen
16 Wasserraum – Damen
17 Saunaraum – Damen
18 Ruheraum – Damen
19 Umkleiden – Schwimmbad
20 WC
21 Hotel

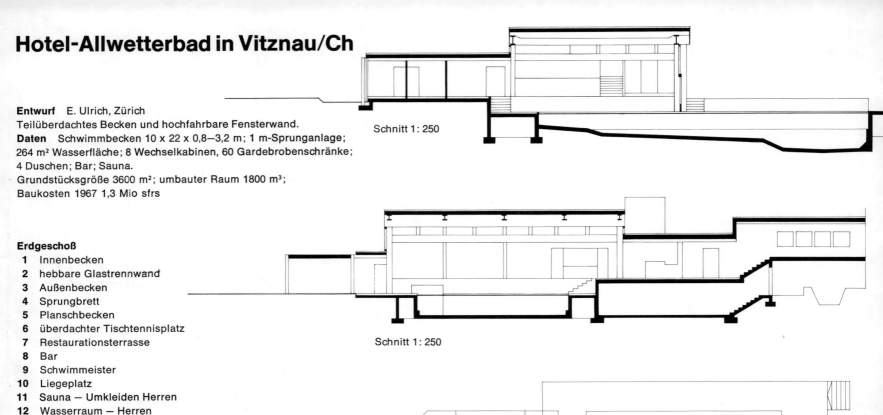

Schnitt 1 : 250

Schnitt 1 : 250

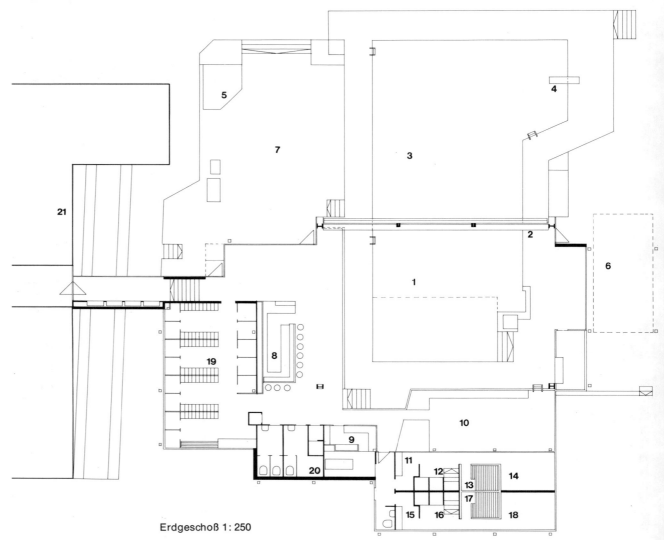

Erdgeschoß 1 : 250

Allwetterbad in Unterlüß

Entwurf H. Hutz, Verden, Romberg †, Berlin und R. Störmer, Bremen
Forschungsprojekt IAB/DIfBSF/DSV
Abgelegener Ort mit nur ca. 5000 Einwohnern und 22 Schulklassen. Langwierige Untersuchungen über Bäderart und -größe sowie Baukonstruktion gingen der Realisierung dieses Forschungsprojektes voraus. Auch aus städtebaulichen Gründen Konzentration der verschiedenen Erholungs- und Sportstätten mit erster Baustufe Allwetterbad. Äußerste Konzentration an Fläche, Raum, Technik und Personal. Zweischaliges, mobiles Dach in Neukonstruktion.
Daten Die erforderliche Gesamtwasserfläche von 1000 m² innen und außen in richtiger Relation der Bedürfnisse im Sommer und im Winter ist so eingeteilt, daß 312 m² überdeckbar sind, Variobecken 12,5 x 25 x 0,30–1,80 (Teilhubboden) — 3,80 m mit 1–5 m-Sprunganlage und ca. 700 m² Nichtschwimmerbecken und Planschbecken im Freien liegend. Im Sommer bei geöffnetem Dach Variobecken: Schwimmerbecken.

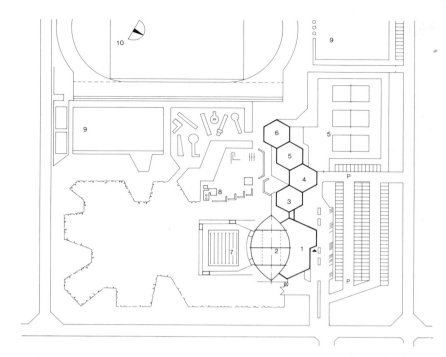

Lageplan 1:2500

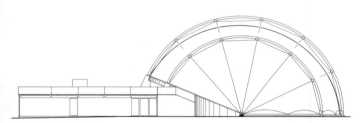

Ansicht von Westen 1:500

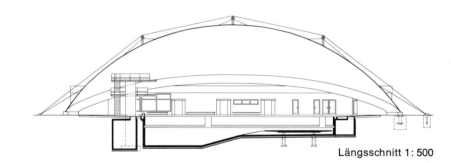

Längsschnitt 1:500

Lageplan
1 Umkleiden
2 Allwetterbad
3 Kindergarten
4 Jugendzentrum
5 Tennisplätze mit Clubhaus
6 Umkleiden für Sportler
7 Freibad
8 Kinderspielplatz
9 Spielfelder
10 Kampfbahn, Typ C

Erdgeschoß
1 Eingangshalle
2 Umkleiden
3 Umkleiden für Behinderte
4 Aufenthaltsraum
5 Geräte
6 Wasseraufbereitungsanlage
7 Heizung
8 Schwimmeister
9 Variobecken

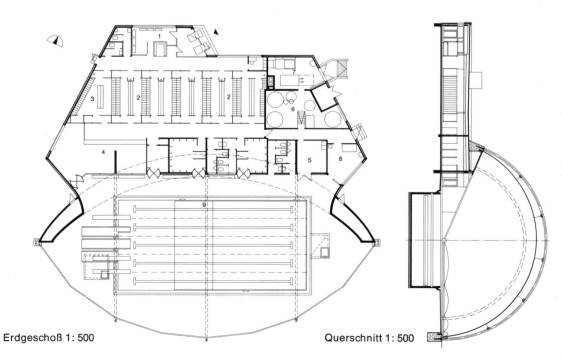

Erdgeschoß 1:500   Querschnitt 1:500

Hallenfreibad in Bad Krozingen

Entwurf A. Ruch, Bad Krozingen
Forschungsprojekt IAB/ DIfBSF/DSV
Voll integriertes Hallenfreibad für 5900 Einwohner und 45 Schulklassen mit 967 m² Außen- und 265 m² Innenwasserfläche (2 Wasserflächeneinheiten).
Daten Innenraum: Variobecken 10 x 25 x 1,80–3,80 m (Teilhubboden) mit 1–3 m Sprunganlage; Kleinkinder-, Alten- und Behindertenbecken 3 x 5 x 0,80–1,25 m (Hubboden); 3 Umkleideeinheiten mit 264 Garderobenschränken; 10 Duschplätze; Clubheim; Restauration.
Außenraum: Schwimmerbecken 16,66 x 25 x 1,80 m; Nichtschwimmerbecken 20 x 25 x 0,80–1,35 m, mit Schwimmkanal an Schwimmhalle angeschlossen; Kleinkinder-Wasserspielgarten 100 m².
Bebaute Fläche 1140 m²; umbauter Raum 7660 m³

Lageplan
1 Turnhalle
2 Realschule
3 Sportplatz
4 Clubheim
5 Hallenbad
6 Nichtschwimmerbecken
7 Schwimmerbecken
8 Spielfelder
9 Kinderspielplatz mit Kinderbecken
10 Liegewiese

Untergeschoß
1 Garage
2 Abstellräume
3 Heizung
4 Mehrzweckraum
5 Wasseraufbereitung
6 Lüftung
7 Schwimmwasserbehälter
8 Schwimmkanal

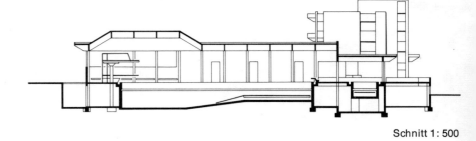

Schnitt 1:500

Lageplan 1:5000

Untergeschoß 1:500

Erdgeschoß

1. Eingangshalle
2. Cafeteria
3. Personal
4. Umkleiden für Behinderte
5. Umkleidebereich
6. Variobecken
7. Milchbar für Badegäste
8. Kinder-, Alten- und Versehrtenbecken
9. Spielraum
10. Geräte
11. Schwimmeister
12. Schwimmkanal
13. Nichtschwimmerbecken
14. Schwimmerbecken
15. Kinderspielplatz mit Kinderbecken

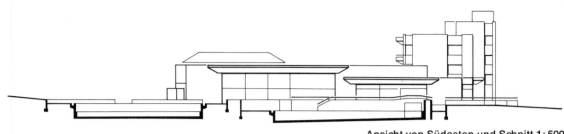

Ansicht von Südosten und Schnitt 1:500

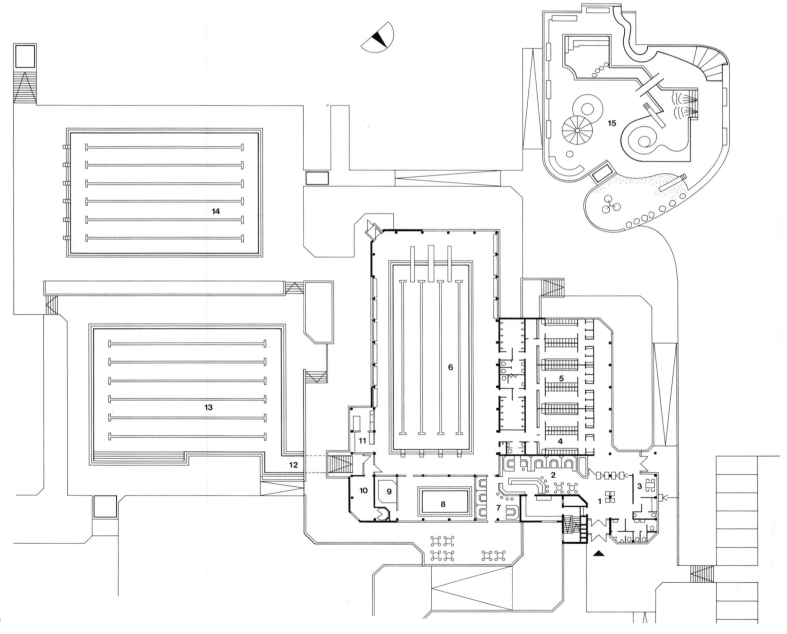

Erdgeschoß 1:500

Hallenfreibad in Diekirch

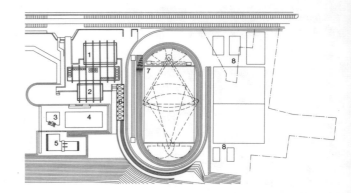

Lageplan 1:5000

Entwurf R. Störmer, Bremen, M. von Gerkan, V. Marg, Hamburg
Forschungsprojekt IAB/DIfBSF/DSV

Architekten Preisträger eines internationalen Architektenwettbewerbs. Vorbildliche Gesamtsportstättenplanung. Hallenbadteil 1969, Sporthalle 1974 in Betrieb, Sportplatz; Freibadteil und Stadion in Planung. 5000 Ortseinwohner, 30 000 Einwohner im Gesamteinzugsbereich. Starke Konzentration der Entwurfsteile mit kurzen Wegen und Leitungsführungen, günstige Variabilität. Bemessung der Umkleideräume nach damaligen Richtwerten.

Daten Innenraum: Variobecken 12,5 x 25 x 0,3—1,8 (Teilhubboden) — 3,8 m mit 1—5 m-Sprunganlage; Wasserfläche 312,5 m²; Tribüne mit 160 Sitzplätzen; 4 Sammelumkleideeinheiten, 84 Wechselkabinen, zentrale Kleiderabgabe mit 700 Bügeln; 2 Duschräume mit je 13 Duschen; Restauration; Sporthalle.
Außenraum: Schwimmerbecken 21 x 50 x 1,8 m; Nichtschwimmerbecken 800 m², 0,6—1,25 m; Springerbecken 18 x 17,1 x 4,5 m mit 1—10 m-Sprunganlage; Planschbecken 100 m² 0,0—0,5 m; Gesamtwasserfläche 2257,8 m² (3. Bauabschnitt).
Gesamtgrundstücksgröße des Sportzentrums 92 450 m²; gesamte bebaute Fläche 5600 m² (Hallenbad, Sporthalle, Wohnung); umbauter Raum 12 000 m³ (Hallenbadteil); gesamt 44 000 m³

Lageplan
1. Sporthalle
2. Hallenbad
3. Springerbecken
4. Schwimmerbecken
5. Nichtschwimmerbecken
6. Tribüne
7. Stadion (Kampfbahn), Typ C
8. Ballspielplätze

Beckengeschoß
1. Umkleiden mit zentraler Kleiderabgabe
2. Sanitäter
3. Geräte
4. Schwimmeister
5. Schwimmhalle
6. Sprunganlage
7. Umkleiden — Sporthalle
8. Sporthalle
9. Trainer
10. Hausmeisterwohnung

Beckengeschoß 1: 500

Terrassengeschoß
1. Eingangshalle
2. Garderobe
3. Tribüne – Sporthalle
4. Tribüne – Hallenbad
5. Milchbar
6. Tribüne – Stadion

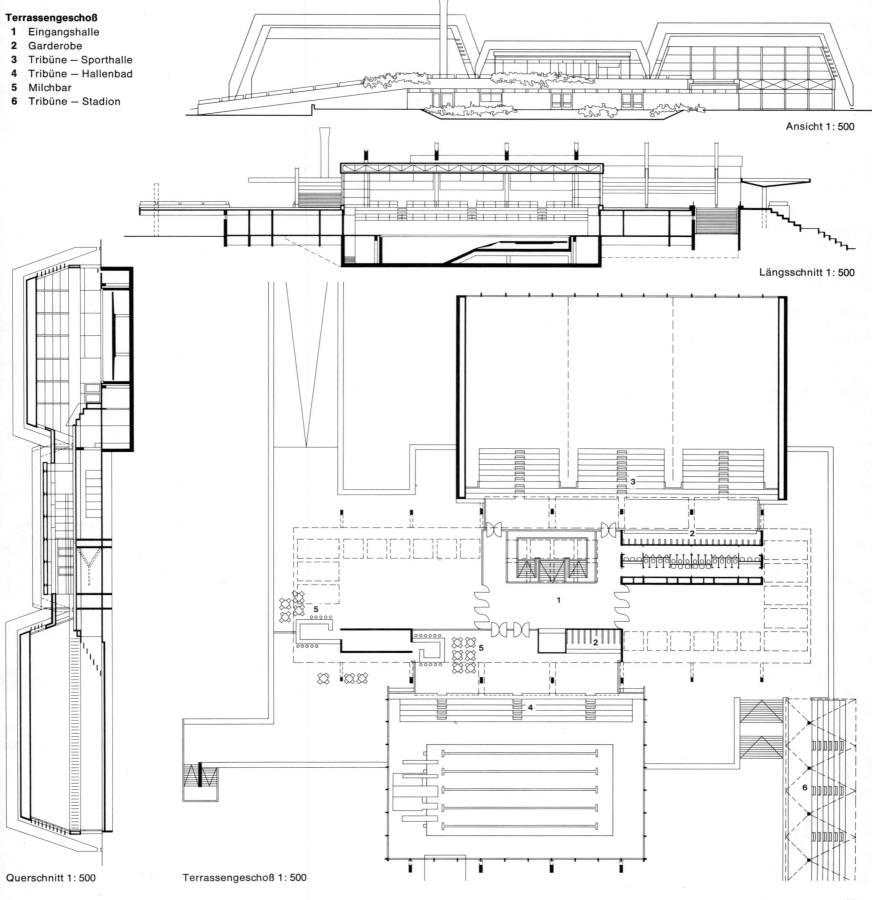

Ansicht 1:500
Längsschnitt 1:500
Querschnitt 1:500
Terrassengeschoß 1:500

Hallenfreibad in Bad Dürrheim

Entwurf L. Dorgerloh und M. Saß, Freiburg
Forschungsprojekt IAB/DIfBSF/DSV
Voll zusammengefaßtes Hallenfreibad im Aktivkur- und Sportzentrum des Solebades im Schwarzwald. Errichtung leider in 2 Bauabschnitten, erster Teil 1974 in Betrieb. Für Gesamteinzugsbereich von 20 000 Einwohnern volles Innenwasserflächenprogramm mit drei Wasserflächeneinheiten, reduzierter Freibadteil, auch wegen Höhenlage 7–800 m.
Daten Im ersten Abschnitt innen nur 25 m Variobecken mit 2 Wasserflächeneinheiten, daher Sprunganlage in diesem Becken und nicht wie sonst im 2. kleineren Becken.
Schwimmhalle: Variobecken 12,50 x 25 x 0,60–1,80 m (Teilhubboden) – 3,80 m, 1–5 m-Sprunganlage; Kinder-, Alten- und Behindertenbecken 3,00 x 6,00 x 0,00–1,35 m (Hubboden); Nichtschwimmerbecken 10,0 x 12,50 x 0,80–1,35 m; Gesamtwasserfläche 449,2 m²; 6 teilbare Umkleideeinheiten mit je 4 Wechselkabinen; doppelgeschossige Garderobenschränke; 2 Duschräume mit je 10 Duschköpfen, 2 Duschräume mit je 6 Duschköpfen; zugeordnete WC-Anlagen; integrierte Doppelsauna; Fitneßbereich; Restauration vorbildlich in Größe und Zuordnung.
Freibadteil: Schwimmerbecken 16,66 x 25,00 x 2,00 m; Nichtschwimmerbecken 16,66 x 50 x 0,60–1,35 m; Wasserspielgarten; Gesamtwasserfläche 1346,7 m².
Bebaute Fläche 1605 m², umbauter Raum 15 091 m³

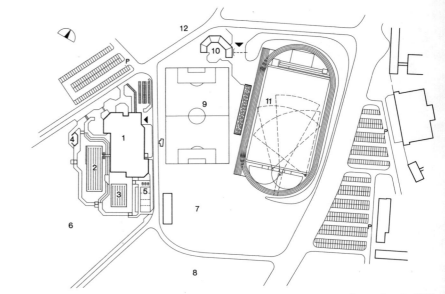

Lageplan 1:4000

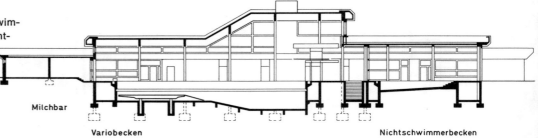

Schnitt 1:500

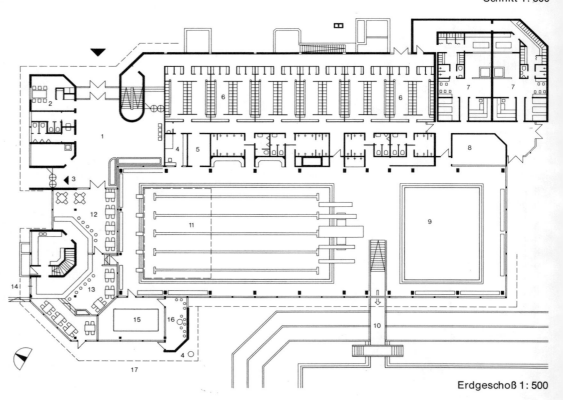

Erdgeschoß 1:500

Erdgeschoß
1 Eingangshalle
2 Personal
3 Ausgang zum Freibad
4 Schwimmeister
5 Geräte
6 Umkleidebereich
7 Sauna
8 Fitneßraum
9 Nichtschwimmerbecken
10 Schwimmkanal zum Schwimmerbecken
11 Variobecken
12 Restaurant
13 Aufenthaltsraum für Badegäste
14 Kiosk
15 Kinder-, Alten- und Versehrtenbecken
16 Kinderspielraum
17 Kinderspielplatz

◀ **Lageplan**
1. Hallenbad
2. Schwimmerbecken
3. Nichtschwimmerbecken
4. WC-Anlagen
5. Spielflächen
6. Liegewiese
7. Festplatz
8. Fitneß-Zentrum
9. Hartplatz
10. Umkleiden für Sportler
11. Kampfbahn, Typ C
12. Clubhaus

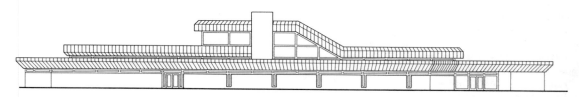

Ansicht von Nordosten 1:500

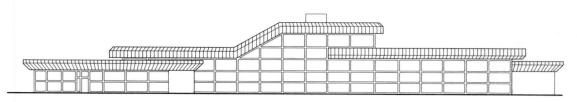

Ansicht von Westen 1:500

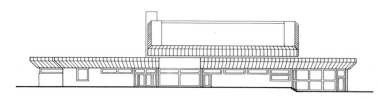

Ansicht von Nordwesten 1:500

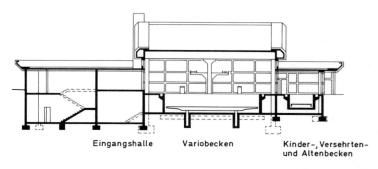

Eingangshalle   Variobecken   Kinder-, Versehrten- und Altenbecken

Schnitt 1:500

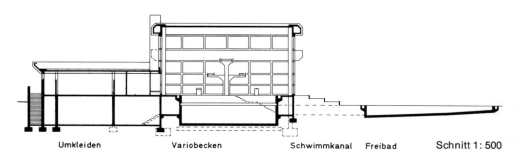

Umkleiden   Variobecken   Schwimmkanal   Freibad   Schnitt 1:500

Hallenbad in Tapiola

Entwurf A. Ervi

Die Vorstadt von Helsinki im Grünen mit Grün geplant, besitzt seit dem 15. 11. 1965 ein viel beachtetes Hallenfreibad in einer interessanten und gut gestalteten städtebaulichen Situation. Die eindrucksvoll vor dem dunklen Wald stehende Halle hat mit der Kuppel über der Sprunganlage einen kleinen Akzent. Im Inneren befinden sich ein 12,5 x 25 x 3,8 m Schwimmerbecken mit 1–5 m-Sprunganlage und Nichtschwimmerbecken 7 x 8 x 0,80 m, außen ein Springerbecken mit 1–5 m Sprunganlage und ein rundes Kinderbecken. Die Innentribüne hat 350 Plätze, zusätzlich sind 150 mobile Sitze vorhanden. Die Grundstücksgröße beträgt 5700 m², der umbaute Raum 15 200 m³.

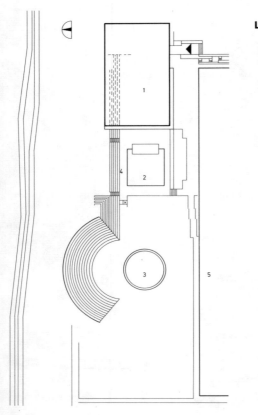

Lageplan
1. Hallenbad
2. Springerbecken
3. Kinderbecken
4. Tribüne
5. See mit Springbrunnen

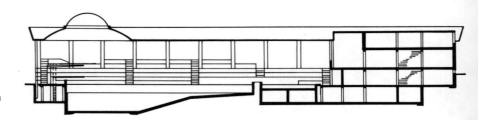

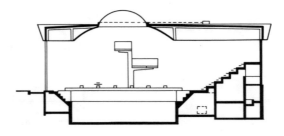

Lageplan 1: 5000

Obergeschoß
1 Sauna
2 Ruheräume

Erdgeschoß
1 Eingangshalle
2 Schwimmhalle
3 Tribünen
4 Personalraum
5 Sammelumkleiden
6 Verwaltung

Untergeschoß
1 Schwimmerbecken
2 Nichtschwimmerbecken
3 Schwimmeister
4 Milchbar
5 Sauna
6 Duschen
7 Umkleiden
8 Filteranlage

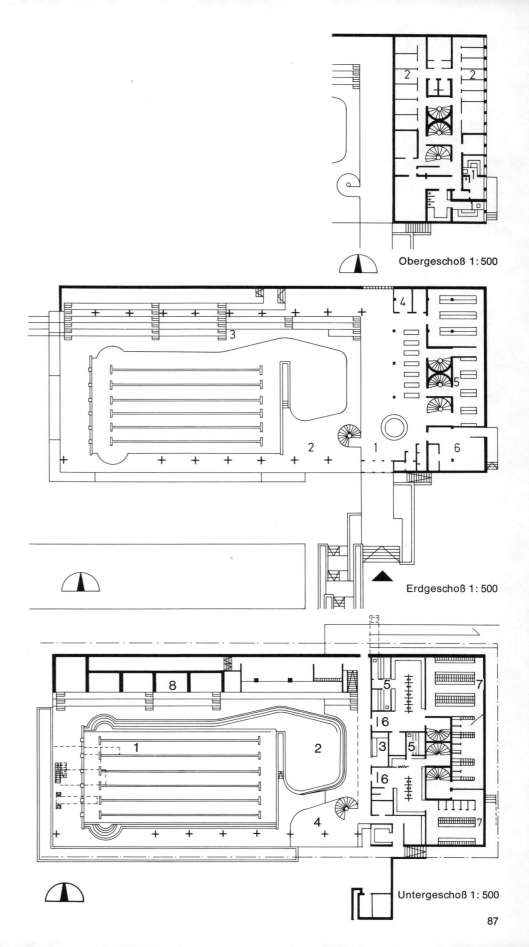

Hallenfreibad in Germersheim

Entwurf E. Seidel, Ludwigshafen
Forschungsprojekt IAB/DlfBSF/DSV
Vollintegriertes Hallenfreibad im Sportzentrum „Wrede" günstig im Einzugsbereich mit 32 000 Einwohnern und 158 Schulklassen mit 3 Innenwasserflächen-Übungseinheiten und in der Zielplanung 2600 m² Außenwasserfläche, mit vorbildlicher Konzentration, Übersichtlichkeit und Zuordnung. Erster Bauabschnitt Hallenbad und Teil des Freibades.
Daten Innenraum: Variobecken 12,5 x 25 x 0,80–1,8 m (Teilhubboden); Springerbecken 12,5 x 12,5 x 3,8 m mit 1–5 m Sprunganlage; Kinder-, Alten- und Behindertenbecken 3,7 x 7,5 x 0,3–1,35 m (Hubboden); Gesamtwasserfläche 505,75 m²; 502 Garderobenschränke, 6 (12 halbe) Umkleideeinheiten, 24 (12) Wechselkabinen; 3 Duschräume mit je 10 Duschköpfen; integrierte Doppelsauna; Restauration mit 160 Plätzen; Fitneßraum; Solarium.
Außenraum: Nichtschwimmerbecken Erwachsene (Trimmbecken) 20 x 25 x 0,6–1,3 m, durch Schwimmkanal an Halle angeschlossen; Nichtschwimmerbecken Kinder 600 m²; Kinderwasser- und Trockenspielplatz 150 m² Wasserfläche; Schwimmerbecken 21 x 50 x 2,0; Springerbecken 15 x 22,25 x 5,0 mit 1–10 m Sprunganlage. Grundstücksgröße 42 000 m²; bebaute Fläche 3900 m², umbauter Raum 20 000 m³

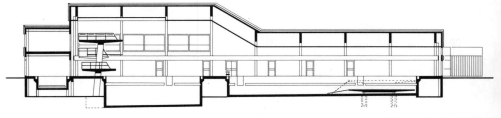

Längsschnitt 1:500

Lageplan 1:5000

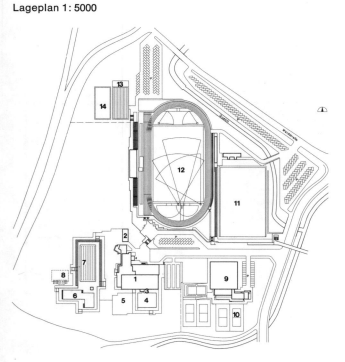

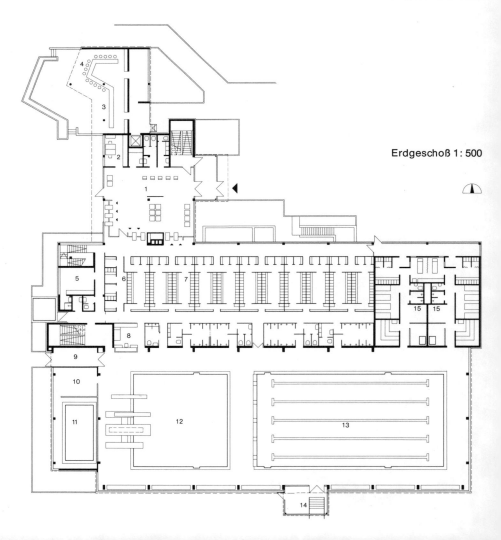

Erdgeschoß 1:500

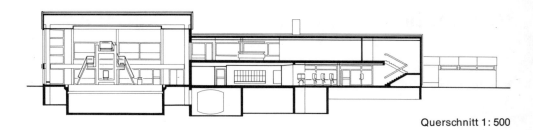

Querschnitt 1:500

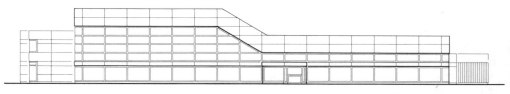

Ansicht von Süden 1:500

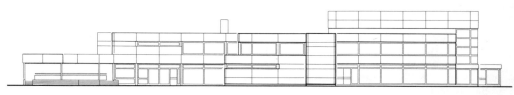

Ansicht von Westen 1:500

◀ **Lageplan**
1 Hallenbad
2 Dienstwohnung
3 Schwimmkanal
4 Nichtschwimmerbecken für Erwachsene
5 Wasserspielgarten, Trockenspielplatz
6 Nichtschwimmerbecken für Kinder
7 Schwimmerbecken
8 Springerbecken
9 Tennishalle
10 Tennisplätze
11 Übungsfeld
12 Kampfbahn, Typ B
13 Weitsprung
14 Kleinspielfeld

◀ **Erdgeschoß**
1 Eingangshalle
2 Verwaltung
3 Kiosk
4 Milchbar
5 Personal
6 Umkleiden für Behinderte
7 Umkleidebereich
8 Schwimmeister
9 Geräte
10 Kinderspielraum
11 Kinder-, Alten- und Versehrtenbecken
12 Springerbecken
13 Variobecken
14 Windfang mit Schwimmkanal
15 Sauna

Obergeschoß ▶
1 Personal
2 Küche
3 Restaurant für Besucher
4 Restaurant für Badegäste
5 Fitneßraum
6 Solarium

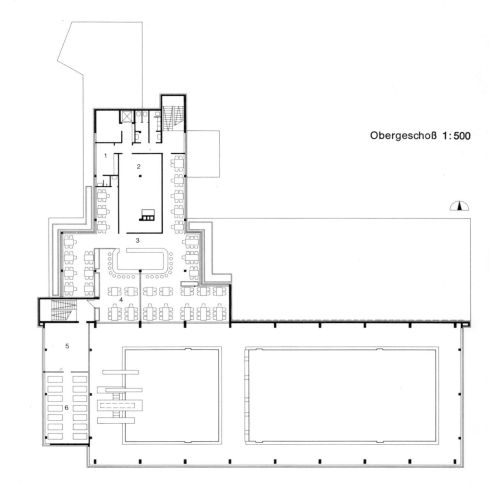

Obergeschoß 1:500

Hallenfreibad im Freizeitzentrum Bad Münstereifel

Entwurf Geller + Müller, Mitarbeiter: Arch. Bleidistel, Köln, Mainz, Emskirchen
Forschungsprojekt IAB/DIfBSF/DSV
Wegen der Nähe zu den Ballungszonen an Rhein und Ruhr Bedeutung des Ortes als Kneipp-Heilbad und Wochenend- und Ferienerholung anerkannt als Ausbaustufe I im NRW-Programm 1975. Südlich der Kernstadt ca. 40 ha großes Gelände für Freizeitzentrum (abgeschlossener Wettbewerb), darin als Einzelobjekt Hallenfreibad (Wettbewerbspreisträger) mit Ergänzungen des Forschungsprogramms.

Daten Im ersten Bauabschnitt Hallenbadteil mit zusätzlich 2 Außenbecken: Erwachsenen-Nichtschwimmerbecken 20 x 25 m mit 7 Trimmstrecken und Warmbecken 8 x 12,5 x 1,20 m mit Wassertemperatur 33° C. Beide Außenbecken durch Schwimmkanäle mit Hallenbad verbunden.
Innenraum: 12,5 x 25 x 0,60—1,80 m (Teilhubboden) —3,80 m mit 1—3 m-Sprunganlage; Warmbecken 150 m² mit Wassertiefen von 0,80—1,20 m; Unterwassersitzbank; Massagedüsen, Strudel, Wasserfall und Insel; Wassertemperatur bis 33° C; Kleinkinder-, Alten- und Behindertenbecken 3,0 x 5,0 x 0,0—1,35 (Hubboden); Doppelsauna; Trimmraum; Skatecke; Solarium und Aquarien; im Garderobenbereich 36 Wechselkabinen und 408 Garderobenschränke; Behinderten- und Familien-Umkleide- und Sanitäreinheit. Grundstücksgröße 33 000 m²; bebaute Fläche 1521 m²; umbauter Raum 15 084 m³.

Erdgeschoß
1 Eingang — Freibad
2 Freibad — Umkleiden
3 Eingangshalle
4 Restaurant
5 Terrasse für Besucher
6 Kiosk
7 Personal
8 Umkleiden
9 Umkleide- und Sanitäreinheit für Behinderte und Familien
10 Sauna
11 Geräte
12 Sanitäter
14 Fitneßraum
15 Schwimmeister
16 Variobecken
17 Spielbecken
18 Aufenthalt für Badegäste
19 Kinder-, Alten- und Versehrtenbecken
20 Warmbecken
21 Ruheraum, Solarium
22 Schwimmkanal
23 Warmbecken
24 Nichtschwimmerbecken — Erwachsene

Lageplan
1 Hallenbad
2 Freibad — Umkleiden
3 Kinderspielplatz
4 Warmbecken
5 Nichtschwimmerbecken für Erwachsene
6 Schwimmerbecken
7 Nichtschwimmerbecken für Kinder
8 Wellenbecken
9 Liegewiese
10 Spiel- und Liegewiese

Ansicht von Nordwesten 1 : 500

Lageplan 1 : 3000

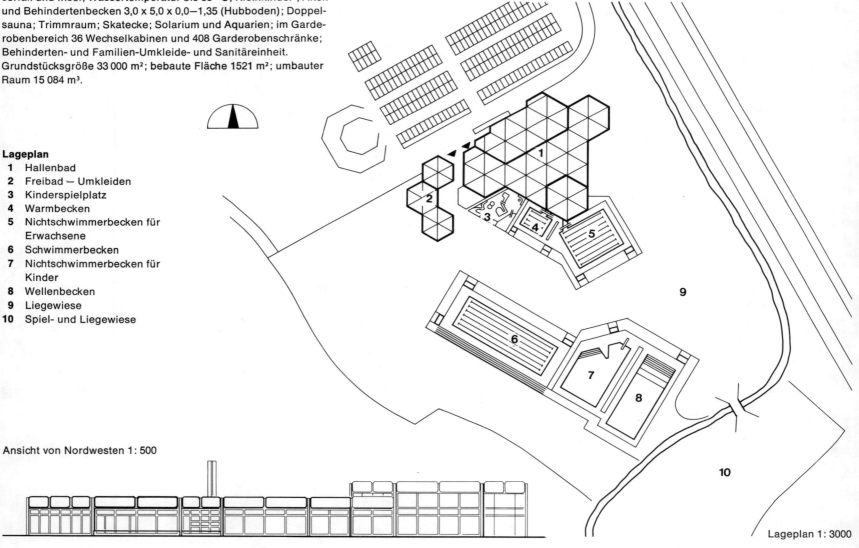

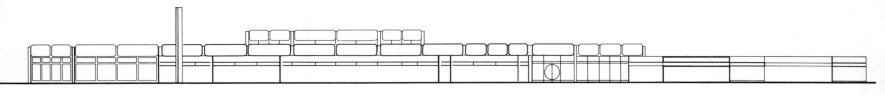

Ansicht von Südwesten 1:500

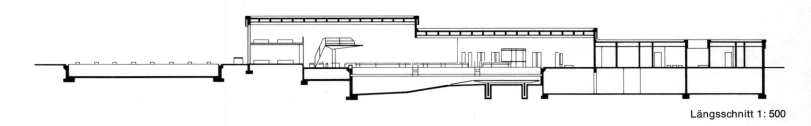

Längsschnitt 1:500

Querschnitt 1:500

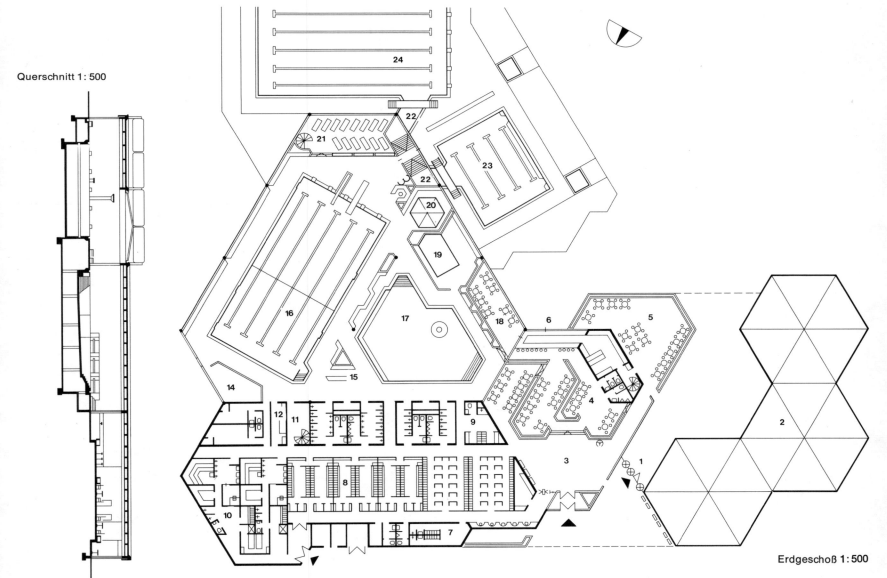

Erdgeschoß 1:500

Hallenfreibad in Bornheim

Entwurf v. Dorp; Mitarbeiter: Zgoll, Bonn, Calles, Köln
Forschungsprojekt IAB/DIfBSF/DSV
Angliederung des vollintegrierten Hallenfreibades an das Sport- und Freizeitzentrum mit Turnhalle, geplanter Sporthalle (27 x 45 m), Sportplatz Typ C, Bolzplatz und Spielplatz, Außenbecken im 2. Bauabschnitt. Vorbildlich zusammengefaßtes Hallenfreibad für 32 000 Gemeindeeinwohner.

Daten Innenraum: Variobecken 12,5 x 25 x 0,60—1,80 m (Teilhubboden); Springerbecken 10,7 x 12,5 x 0,60—3,80 m mit 1—5 m-Sprunganlage; Kleinkinder-, Alten- und Behindertenbecken 3,0 x 7,0 x 0,0—1,35 m (Hubboden); Gesamtinnenwasserfläche 473,5 m²; 5 Umkleideeinheiten mit 20 Wechselkabinen und 620 Garderobenschränken; 3 Duschräume mit je 10 Duschköpfen; Fitneßraum; integrierte Doppelsauna; Restauration; Selbstbedienungs-Kassensystem; gleitende Aufsicht, unbegrenzte Badezeit.
Außenraum: Kinderwasserspielplatz 200 m²; Warmbecken 8 x 12,5 x 1,20 m, durch Schwimmkanal an Halle angebunden; Kinder-Nichtschwimmerbecken 500 m²; Erwachsenen-Nichtschwimmerbecken (Trimmbecken) 20 x 25 x 0,9—1,35 m, durch Schwimmkanal an Halle angebunden; 21 x 50 x 2,0 m Schwimmerbecken; 15 x 22,40 m Springerbecken mit 1—10 m-Sprunganlage.
Grundstücksgröße 47 000 m²;
überbaute Fläche 2491 m²;
umbauter Raum 23 660 m³

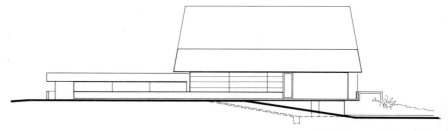

Ansicht von Osten 1:500

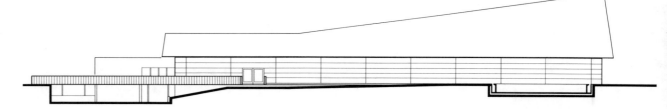

Ansicht von Süden 1:500

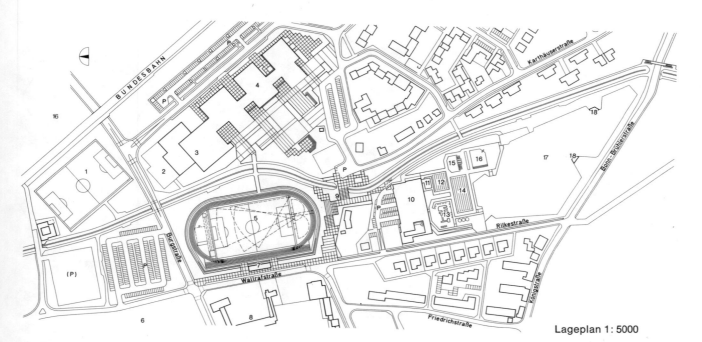

Lageplan 1:5000

Lageplan
1. Tennenplatz
2. Gymnastikwiese
3. Sporthalle
4. Schule
5. Kampfbahn, Typ C
6. Burg Bornheim
7. WC und Umkleiden
8. Schule
9. Fußgängerbereich mit Sitz- und Spielflächen
10. Hallenbad
11. Warmbecken
12. Nichtschwimmerbecken (Trimmbecken)
13. Kinderspielplatz mit Kinderbecken
14. Schwimmerbecken
15. Springerbecken
16. Nichtschwimmerbecken
17. Liegewiese
18. WC und Umkleiden

Erdgeschoß
1. Eingangshalle
2. Verwaltung
3. Clubraum
4. Umkleidebereich
5. Sauna
6. Arzt
7. Geräte
8. Fitneßraum
9. Schwimmeister
10. Kinderspielraum
11. Kinder-, Alten- und Versehrtenbecken
12. Restaurant für Besucher
13. Aufenthaltsraum für Badegäste
14. Terrasse für Freibadgäste
15. Variobecken
16. Springerbecken
17. Schwimmkanal
18. Warmbecken
19. Nichtschwimmerbecken (Trimmbecken)

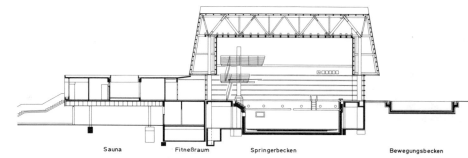

Querschnitt 1:500

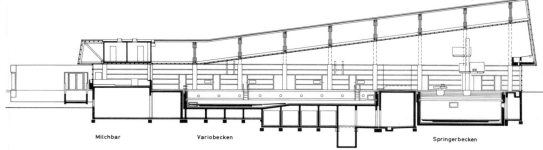

Längsschnitt 1:500

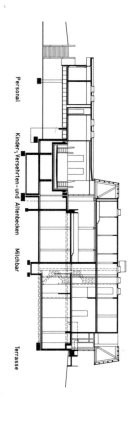

Querschnitt 1:500

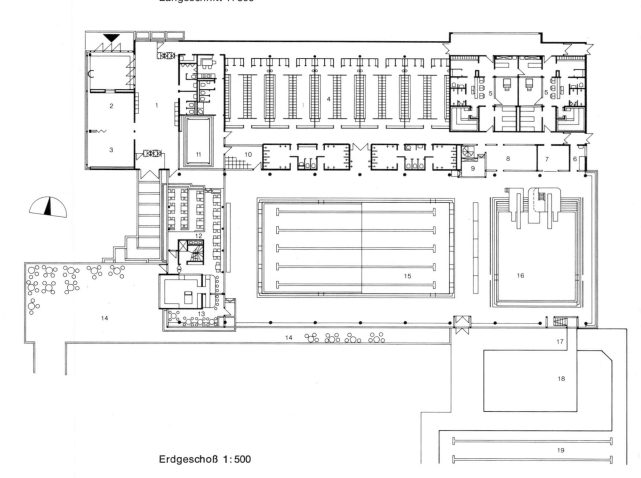

Erdgeschoß 1:500

Hallenfreibad in Denzlingen

Entwurf Ortsbauamt Denzlingen, J. Seitz
Forschungsprojekt IAB/DIfBSF/DSV
Konzentriertes Bildungs-, Sport- und Erholungszentrum in umweltgeschützter Lage, einwandfreie Zuordnung und Wegeführung mit allen Möglichkeiten der Betriebszustände, enge Anbindung der Außen-Wasserflächen an das Schwimmhallengebäude, Verbindung durch Schwimmkanal und Schleuse zwischen den zusammenhängenden Innen- und Außen-Kinderbereichen. Raumprogramm gemäß Gesamtbäderplan Großraum Freiburg.
Daten Innenraum: Variobecken 12,5 x 25 x 1,80 m (Teilhubboden 0,60–1,80 m); Mehrzweckbecken 12,5 x 12,5 x 3,80 mit 1–5 m-Sprunganlage; Kinder-, Behinderten- und Altenbecken 2,5 x 5,0 x 0,00–1,35 m (Hubboden); 472 m² Gesamtinnenwasserfläche; 6 (12 halbe) Umkleideeinheiten mit je 100 Garderobenschränken und 24 (12) Wechselkabinen; 2 Duschräume mit je 10 Duschköpfen, 1 Doppelduschraum mit je 5 Duschköpfen; integrierte Doppelsauna; Fitneßraum; Restaurant.
Außenraum: Schwimmerbecken 21 x 50 x 2,0 m; Springerbecken 18,35 x 15,0 x 5 m mit einfacher 1–10 m-Sprunganlage; Nichtschwimmerbecken 25 x 50 x 0,60–1,25 m; Kinderwasserspielplatz 150–200 m².
Gesamtaußenwasserfläche 2660 m²; Grundstücksgröße 40 000 m²; bebaute Fläche 2830 m²; umbauter Raum 17 650 m³

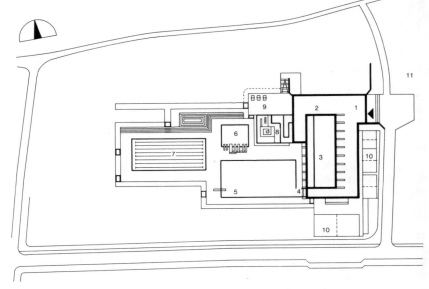

Lageplan 1:2500

Lageplan
1. Eingangsbereich
2. Milchbar
3. Hallenbad
4. Schwimmkanal
5. Nichtschwimmerbecken
6. Springerbecken
7. Schwimmerbecken
8. Kinderspielplatz
9. Tischtennis
10. Kleinspielfelder

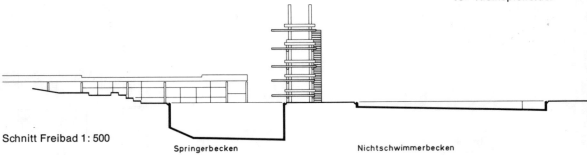

Schnitt Freibad 1:500 — Springerbecken — Nichtschwimmerbecken

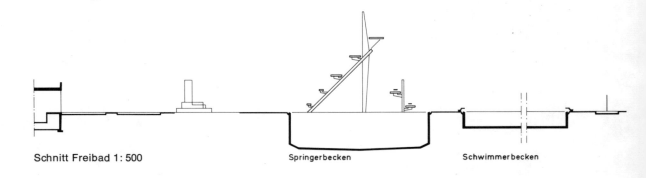

Schnitt Freibad 1:500 — Springerbecken — Schwimmerbecken

Erdgeschoß

1. Eingangshalle
2. Aufenthaltsraum für Badegäste
3. Erfrischungsraum
4. Geräte
5. Vorräte
6. Kiosk
7. Personal
8. Umkleidebereich
9. Sauna
10. Außengeräte
11. Vereine
12. Fitneßraum
13. Variobecken
14. Springerbecken
15. Schwimmeister
16. Kinder-, Alten- und Versehrtenbecken
17. Kinderspielraum
18. Kinderspielplatz
19. Schwimmkanal
20. Nichtschwimmerbecken

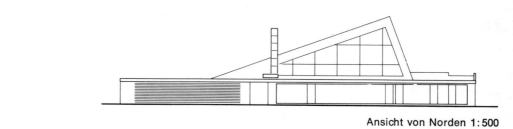

Ansicht von Norden 1:500

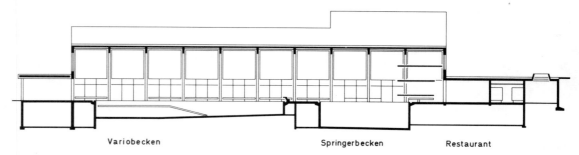

Ansicht von Westen 1:500

Längsschnitt 1:500

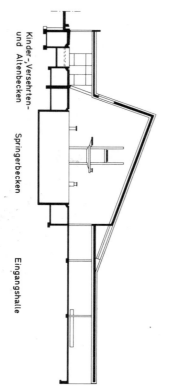

Querschnitt 1:500

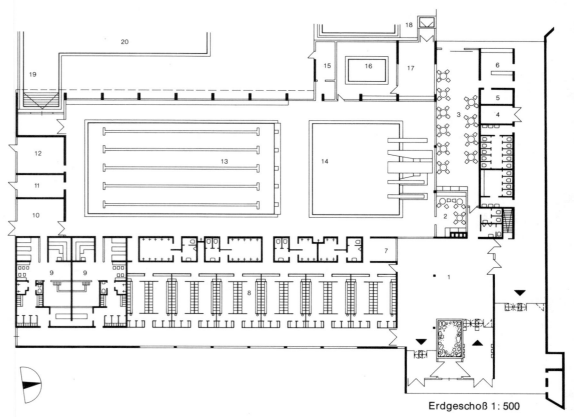

Erdgeschoß 1:500

Hallenfreibad in Bad Neustadt/Saale

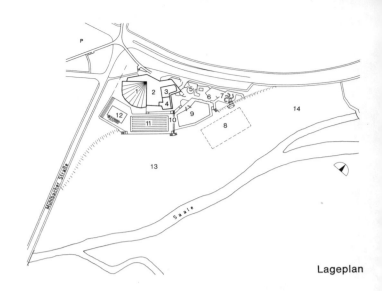

Lageplan

Entwurf G. Harkort, Leinburg
Forschungsprojekt IAB/DIfBSF/DSV

Hervorragende landschaftliche Lage bei äußerst schwierigem Baugrund, leider zu dicht an Umgehungsstraße, voll zusammengefaßtes Hallenfreibad mit funktionellem und technischem Verbund Kunsteisbahn für Kreisstadt und Mittelzentrum Bad Neustadt a. d. fränk. Saale mit ca. 9000 Einwohnern und ca. 20 000 Einwohnern im Einzugsbereich, mit ca. 140 Schulklassen; volles Forschungsprogramm, innen drei Wasserflächenübungseinheiten, die 4. und 5. erforderliche in der unmittelbar benachbarten Gemeinde Brendlorenzen (Raumplanungsfehler, bei nur ca. 1 km Entfernung wäre volle Konzentration in einem Objekt funktionell und wirtschaftlich besser gewesen. Wegen sehr knapp bebaubarer Fläche Doppelsauna leider im Obergeschoß, Restaurant bzw. Milchbar ist nicht voll ausgebaut wegen Nähe Stadtzentrum mit Restaurationen; nachträgliche Einbringung des Innen-Mutter-Kind-Bereiches in die Planung, volles Forschungsprogramm in der Technik einschließlich Ozonstufe, Wasserführung Strahlenturbulenz, Wärmepumpe, Klimatisierung (!), unbegrenzte Badezeit.

Daten Innenraum: Variobecken 12,5 x 25 x 0,30–1,80 (Hubboden) – 2,20 m; Mehrzweckbecken 12,5 x 13,5–3,80 m; 1–5 m Sprunganlage; Kleinkinder-, Alten- und Behindertenbecken 2,75 x 5,00 x 0,0–1,35 (Hubboden); Gesamtinnenwasserfläche 492,2 m²; 5 (10 halbe) Umkleideeinheiten mit 455 Garderobenschränken; 2 Duschräume mit je 12 Duschköpfen; Fitneßraum; Milchbar; Sauna; Personalwohnung.

Außenraum: Schwimmerbecken 21 x 50 x 2,00 m; Springerbecken 15 x 22,25 x 5,00; komplette 1–10 m Sprunganlage; Nichtschwimmerbecken 1050 m², Wassertiefe 0,60–1,30 m; Kinder-Wasserspielplatz und 100 m² Planschbecken; Gesamtanlage 19. 7. 74 in Betrieb.

Grundstücksfläche 4700 m²; bebaute Fläche 2932 m²; umbauter Raum 20 123 m³

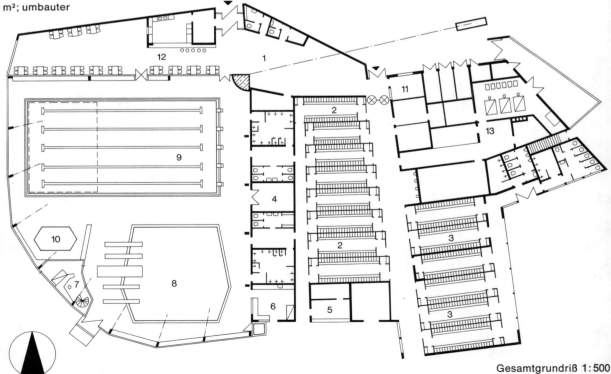

Gesamtgrundriß 1:500

Ansicht von Südwesten 1:1000

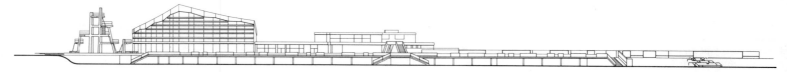

Ansicht von Südosten 1:1000

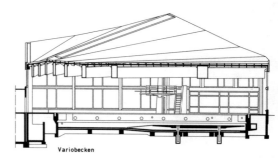

Schnitt 1:500

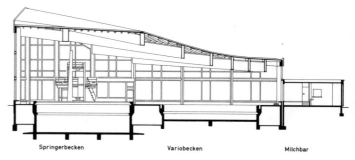

Schnitt 1:500

◀ **Lageplan**
1 Hallenbad
2 Umkleiden
3 Dienstwohnung
4 Sauna
5 Kinderbecken
6 Kinderspielplatz
7 Wasserspielplatz
8 Kunsteis- und Rollschuhbahn
9 Nichtschwimmerbecken
10 Brücke
11 Schwimmerbecken
12 Springerbecken
13 Liegewiese
14 Spielwiese

◀ **Gesamt-Grundriß**
1 Hallenbad
2 Umkleiden
3 Dienstwohnung
4 Sauna
5 Kinderbecken
6 Kinderspielplatz
7 Wasserspielplatz
8 Kunsteis- und Rollschuhbahn
9 Nichtschwimmerbecken
10 Brücke
11 Schwimmerbecken
12 Springerbecken

Obergeschoß ▶
1 Dienstwohnung
2 Umkleiden
3 Ruheraum
4 Massage
5 Warteraum
6 Fußbäder
7 Sauna
8 Tauchbecken und Duschen
9 Saunahof
10 Frischluft
11 Solarium

Obergeschoß 1:500

Wellen-Hallenfreibad in Bad Pyrmont

Entwurf Ziegemeier und Pfitzner und Naumann, Nedden, Sikorski, Hannover
Forschungsprojekt IAB/DIfBSF/DSV
Innerhalb der im südlichen Teil der Stadt konzentrierten Erholungs-, Sport- und Freizeitanlagen gelegenes Hallen-Freibad voll zusammengefaßt mit guter Einordnung und Zuordnung, Kapazität und Variabilität trotz beengten Grundstückes. Beispielhafter Eingangs- und Restaurationsbereich. 1. Baustufe: Freibadteil 1969, 2. Hallenbadteil 1974, 3. Vollausbau Kinderinnen- und Außenbereich, Anschluß Halle-Springerbecken. Für 22 000 Stadteinwohner, insgesamt Einzugsbereich 35 000 Einwohner, 3. Preisträger im Architektenwettbewerb.
Innenraum: kombiniertes, teilbares (Hubsteg) Vario-Wellenbecken 12,5–15 x 37,5 m (Teilhubboden); Sprunganlage 1–5 m; Kinder-, Alten- und Behindertenbecken 3,0 x 5,0 x 0,0–1,35 m; 6 (12 halbe) Umkleideeinheiten, 24 (12) Wechselkabinen, 550 Garderobenschränke; 2 Duschräume mit je 10 Duschköpfen, 1 Doppelduschraum mit je 5 Duschköpfen; integrierte Doppelsauna; Fitneßraum; Restaurant mit 350 Sitzplätzen; Kegelanlage mit 2 Doppelscherenbahnen; Bootsteich.
Grundstücksgröße 40 000 m²; bebaute Fläche 3000 m²; umbauter Raum 23 000 m³; Gesamtbaukosten 10,4 Mio DM.

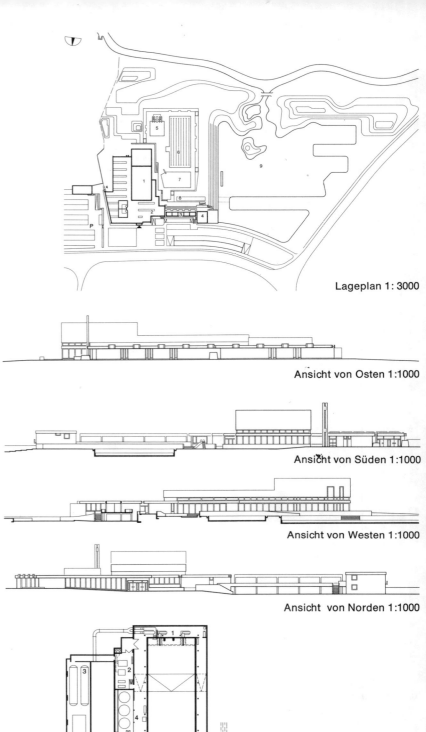

Lageplan 1:3000

Ansicht von Osten 1:1000

Ansicht von Süden 1:1000

Ansicht von Westen 1:1000

Ansicht von Norden 1:1000

Untergeschoß 1:1000

Lageplan
1 Schwimmhalle
2 Restaurant
3 Terrasse
4 Dienstwohnungen
5 Springerbecken
6 Schwimmerbecken
7 Nichtschwimmerbecken
8 Boccia
9 Gondelteich

Untergeschoß
1 Wellenmaschine
2 Heizung
3 Öllager
4 Badewasseraufbereitungsanlage
5 Lüftung
6 DLRG
7 Schwallwasserbecken
8 Kegelbahnen
9 Vereine
10 Fahrräder
11 Dienstwohnung

Erdgeschoß
1 Eingangshalle
2 Clubraum
3 Restaurant
4 Aufenthaltsraum für Badegäste
5 Kiosk
6 Terrasse für Besucher
7 Dienstwohnung
8 Terrasse für Freibadgäste
9 Kinder-, Alten- und Versehrtenbecken
10 Kinderspielraum
11 Schwimmeister
12 Sauna
13 Fitneßraum
14 Umkleidebereich
15 Geräte
16 Hubwand
17 Vario-Wellenbecken
18 Verbindungsgang zum Freibad (demontabel)
19 Freibad

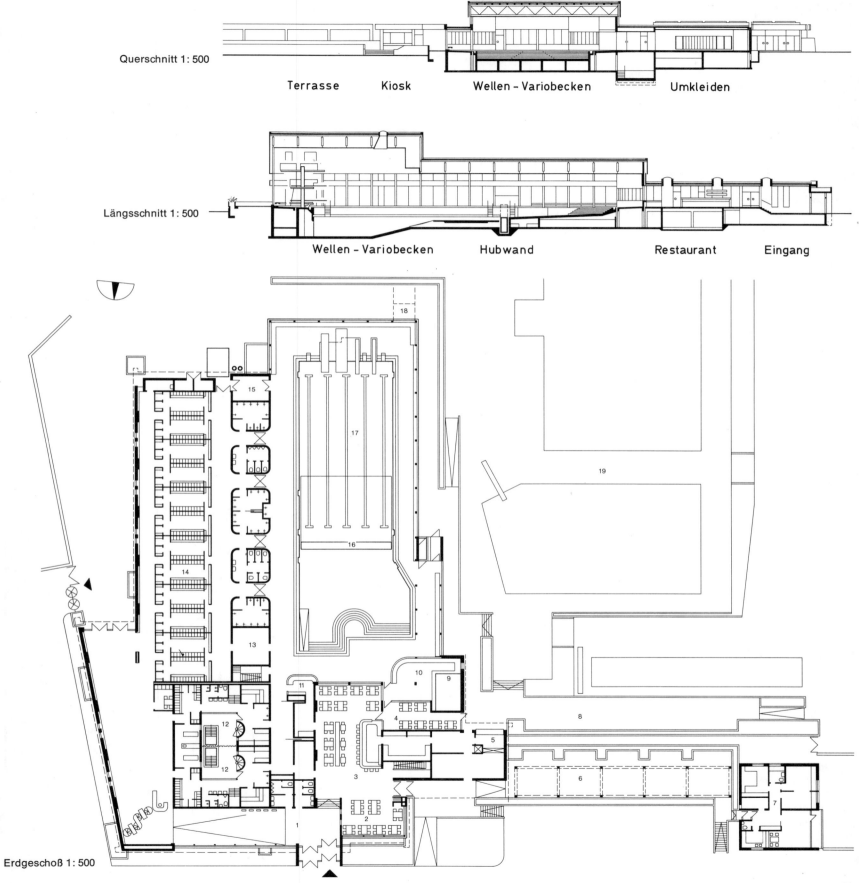

Hallenfreibad im Schul-, Bäder-, Sport- und Freizeitzentrum Soltau

Entwurf und Durchführung Hallenbadteil: Planungsgruppe Arch. H. W. Prell, Ing.-Büro F. K. Lüder, Mitarbeiter K. Witt. Ausführung Lüder-Bauring-AG, Forschungsprojekt IAB/DlfBSF/DSV Vorbildliches Gesamtbildungs-, Sport- und Erholungszentrum der Kreisstadt. Bestandteile: Realschule, Gymnasium, Landwirtschaftsschule, Turn- und Sporthallen, Sportplätze, Hallenfreibad, noch geplant: Eissportplatz und Kurmittelhaus. Angliederung Hallenbad an bestehendes Freibad. Volle Zusammenfassung mit gemeinsamer Eingangssituation schien dem Bauherrn wegen bestehender Hochbauten nicht möglich. Wasserflächenprogramm innen: Schwimmerbecken 12,5 x 25 x 2,0 m, Mehrzweckbecken 10 x 12,5 x 3,8 m mit 1–5 m-Sprunganlage, Nichtschwimmerbecken 12,5 x 10,0 x 1,35 m, Kinderbecken 12,5 x 3,0 m. 7 Umkleideeinheiten mit 20 Wechselkabinen. Solarium, Saunaabteilung, medizinische Bäder-Abteilung. Außenwasserflächen: Schwimmerbecken 21 x 50 x 2,0 m, Nichtschwimmerbecken ca. 400 m², Springerbecken ca. 160 m² mit 1–12 m-Sprunganlage, Planschbecken ca. 150 m².

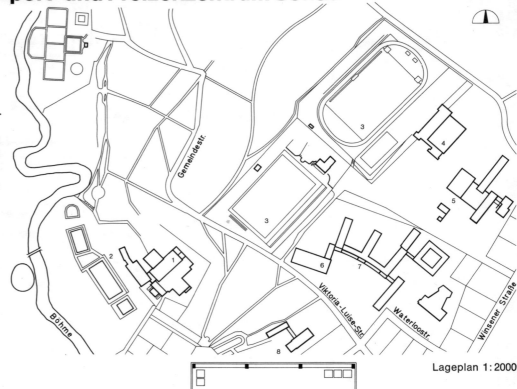

Lageplan 1:2000

Lageplan
1. Hallenbad
2. Freibad
3. Sportplätze
4. Sporthalle
5. Realschule
6. Turnhalle
7. Gymnasium
8. Landwirtschaftsschule

Erdgeschoß
1. Sauna
2. Eingangsbereich
3. Terrasse
4. Milchbar
5. Umkleidebereich
6. Schwimmeister
7. Geräte
8. Springerbecken
9. Nichtschwimmerbecken
10. Kinderbecken
11. Schwimmerbecken
12. Solarium
13. Atrium
14. Fitneßraum
15. DLRG

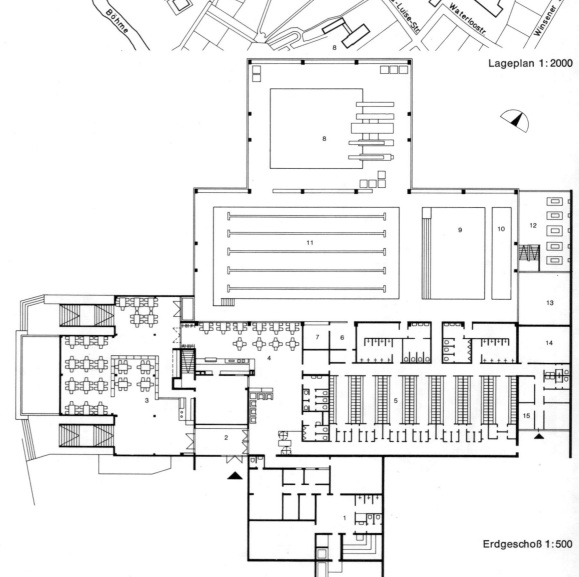

Erdgeschoß 1:500

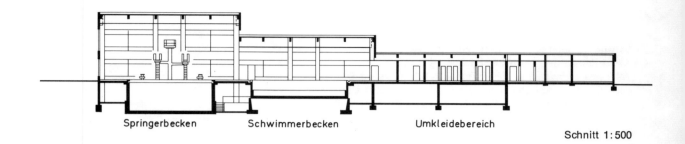

Schnitt 1:500 — Springerbecken, Schwimmerbecken, Umkleidebereich

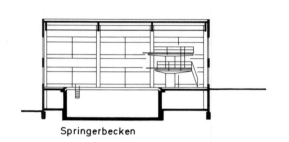

Schnitt 1:500 — Springerbecken

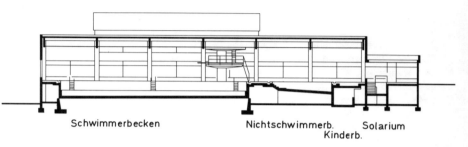

Schnitt 1:500 — Schwimmerbecken, Nichtschwimmerb., Kinderb., Solarium

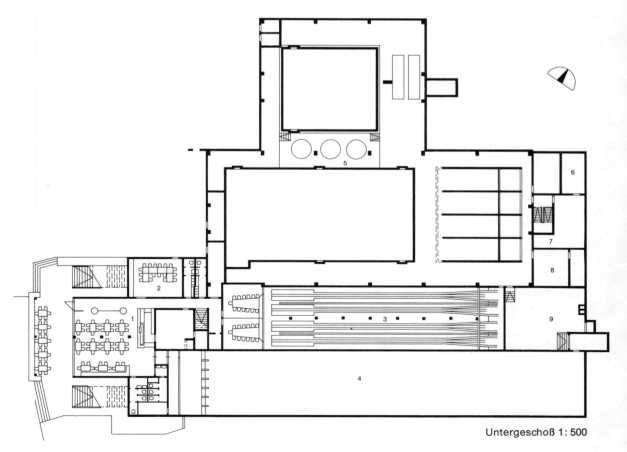

Untergeschoß 1:500

Untergeschoß
1. Restaurant
2. Clubraum
3. Kegelbahn
4. Schießstand
5. Filteranlage
6. Batterie
7. Elt.-Zentrale
8. Warmwasseraufbereitung
9. Heizung

Hallenfreibad in Einbeck

Entwurf Brütt, Matthies, Göttingen, und Störmer, Bremen
Forschungsprojekt IAB/DlfBSF/DSV

Voll zusammengefaßtes Hallenfreibad in Baustufen. Hallenbadteil mit 600 m² Wasserfläche, eingeteilt in 4 Wasserflächen-Übungseinheiten gemäß schulischem Bedarf und Einzugsbereichsgröße ca. 45 000 Einwohner im Bau. Freibadteil im Endausbau — letzte Baustufe Springerbecken und neuzeitlicher Kinderwasserspielplatz stehen noch aus — bleibt infolge der Zusammenfassung der gedeckten und offenen Wasserflächen etwas unterdimensioniert mit ca. 2260 m² Wasserfläche im Größenbereich Planungseinheit 2.
6 (12 halbe) Umkleide- und 4 Duscheinheiten gemäß IAB-Forschungsprogramm mit 528 Garderobenschränken, ausgelegt, nach größtem Teilbedarf Freibadteil. Vielseitige Restaurationsanlage mit Außen- und Innenteilen für Stiefel- und Barfußgäste mit gutem Einblick in die verschiedenen Funktionsbereiche.
Gutes Wettbewerbsergebnis bei schwieriger Anbindungsmöglichkeit des neuen Hallenbadteiles an vorhandenen Freibadteil und sehr ungünstigen Gründungsverhältnissen.

Daten Innenraum Schwimmerbecken 12,5 x 25 x 2,0 m; Springerbecken 12,5 x 10,6 x 3,80 m mit 1—5 m Sprunganlage; Nichtschwimmerbecken 10 x 12,5; Kleinkinder-, Alten- und Behindertenbecken 3,50 x 8 x 0,0—1,35 m; Gesamtinnenwasserfläche 600 m²; Sauna; Restaurant mit 4 Funktionsbereichen.
Freibad: Kinderwasserspielplatz 150 m²; Nichtschwimmerbecken 748 m²; Schwimmerbecken 21 x 50 x 2,0 m; Springerbecken 15 x 22,40 x 5 m.
Grundstücksgröße z. Zt. 26 200 m²; bebaute Fläche 4400 m²; umbauter Raum 20 600 m³

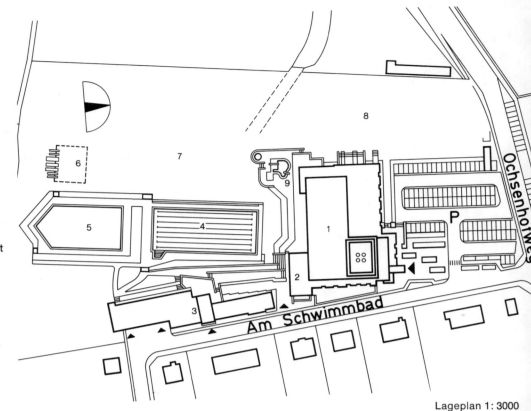

Lageplan 1:3000

Gesamtgrundriß
1. Schwimmeister
2. Umkleiden — Freibad
3. Bäder, Massagen, Ruheraum
4. Kiosk
5. Bäder, Massagen, Ruheraum
6. Terrasse für Besucher
7. Schwimmerbecken
8. Terrasse für Badegäste
9. Milchbar
10. Springerbecken
11. Schwimmerbecken
12. Nichtschwimmerbecken
13. Fitneßraum
14. Kinder-, Alten- und Versehrtenbecken
15. Kinderspielraum
16. Geräte
17. Kinderspielplatz
18. Umkleidebereich
19. Schwimmeister
20. Verwaltung
21. Eingangshalle

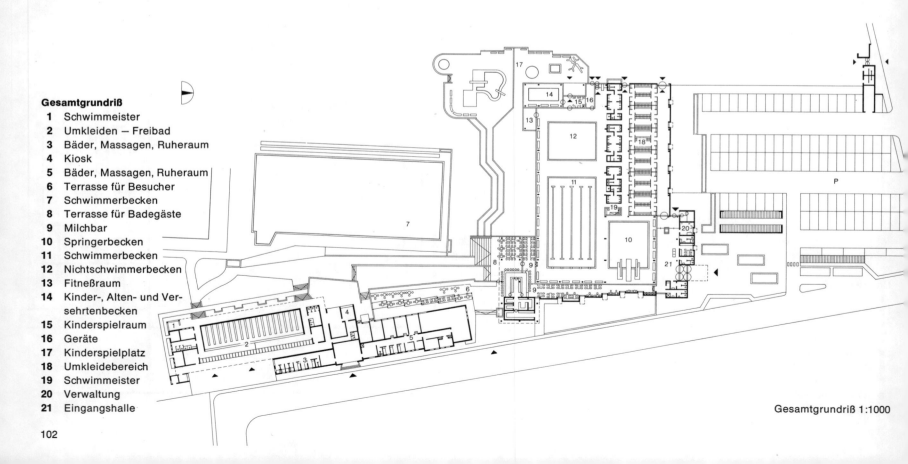

Gesamtgrundriß 1:1000

Schnitt vor Nord-Süd 1:1000

Eingang　Umkleide　Kinderbecken　Kinderbereich Terrasse

Ansicht von Westen 1:1000

Schnitt Ost-West 1:1000

Erdgeschoß

1. Eingangshalle mit Kasse
2. Personalbereich
3. Umkleidebereich
4. Schwimmeister
5. Geräte
6. Kinderspielraum
7. Kinder-, Alten- und Versehrtenbecken
8. Fitneßraum
9. Nichtschwimmerbecken
10. Schwimmerbecken
11. Springerbecken
12. Milchbar für Besucher
13. Restaurant für Besucher
14. Aufenthaltsraum für Badegäste
15. Terrasse
16. Kinderspielplatz mit Becken
17. Schwimmerbecken
18. vorh. Freibadumkleidebereich

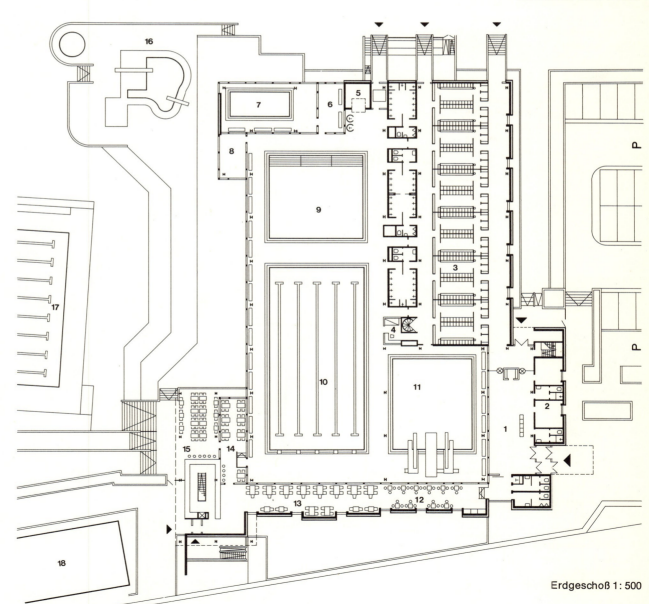

Erdgeschoß 1:500

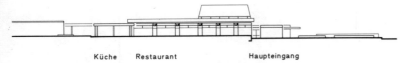

Küche   Restaurant   Haupteingang

Ansicht von Osten 1:1000

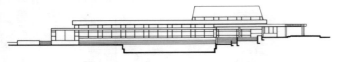

Kinder   Nichtschwimmer-   Schwimmerbecken Terrasse Restaurant

Ansicht von Süden 1:1000

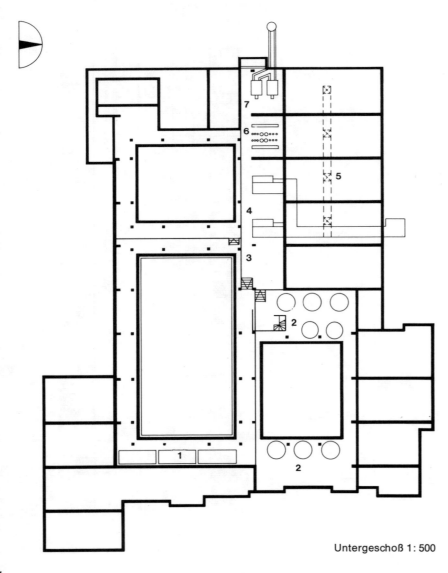

Untergeschoß 1:500

Untergeschoß
1. Schwallwasserbecken
2. Wasseraufbereitungsanlage
3. Werkstatt
4. Lüftung
5. Belüftung
6. Pumpen
7. Heizung

104

Hallenfreibad in Freiburg-Haslach

Entwurf L. Dorgerloh, M. Saß, Freiburg.
Forschungsprojekt IAB/ DIfBSF/DSV
Voll zusammengefaßtes Hallenfreibad im Stadtbezirk Haslach; Vorbildliches Bad eines Großstadtbezirkes mit 4 Innenwasserflächeneinheiten und reduzierten Außenwasserflächen gemäß Gesamtbäderplan der Stadt für 40 000 Einwohner und 189 Schulklassen. 1. Baustufe Hallenbadteil, Kinderwasserspielplatz und Außen-Erwachsenen-Nichtschwimmerbecken.

Daten Innenraum: Schwimmerbecken 12,5 x 25 x 2,0 m; Springerbecken 10,6 x 12,5 x 3,8 m; 1–5 m Sprunganlage; Nichtschwimmerbecken 10 x 12,5 x 1,0 m; Kinder-, Alten- und Behindertenbecken 4 x 8 x 0,0–1,35 m (Hubboden); Gesamtinnenwasserfläche 539 m²; 6 (12 halbe) Umkleideeinheiten; integrierte Doppelsauna, Fitneßraum; Kleinkinderbereich.
Außenraum: Erwachsenen-Nichtschwimmerbecken (Trimmbecken) 20 x 25 x 0,9–1,35 m, an Halle durch Schwimmkanal angeschlossen; Kinder-Nichtschwimmerbecken 500 m²; Kinder-Wasserspielgarten 150 m²; Wellenbecken 16,66 x 40 x 0,0–2 m.
Gesamtaußenwasserfläche 1816 m²;
Grundstücksgröße zunächst 10 000 m²;
umbauter Raum 20 700 m³

Lageplan
1. Hallenbad
2. Kiosk
3. Freiterrasse
4. Schwimmkanal
5. Nichtschwimmerbecken für Erwachsene
6. Nichtschwimmerbecken für Kinder
7. Wasserspielplatz
8. Umkleide- und Sanitärgebäude

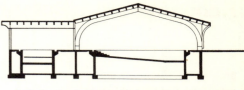
Schnitt durch Nichtschwimmerbecken 1:500

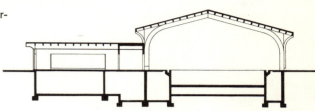
Schnitt durch Schwimmerbecken

Erdgeschoß
1. Eingangshalle
2. Milchbar
3. Geräte
4. Schwimmeister
5. Aufenthalt Badegäste
6. Springerbecken
7. Schwimmerbecken
8. Nichtschwimmerbecken
9. Schwimmkanal
10. Wärmeinsel
11. Saunabereich
12. Personal
13. Chlorraum
14. Umkleidebereich
15. Umkleiden für Behinderte
16. Kinderspielraum
17. Fitneßraum
18. Solarium
19. Kinder-, Alten- und Versehrtenbecken

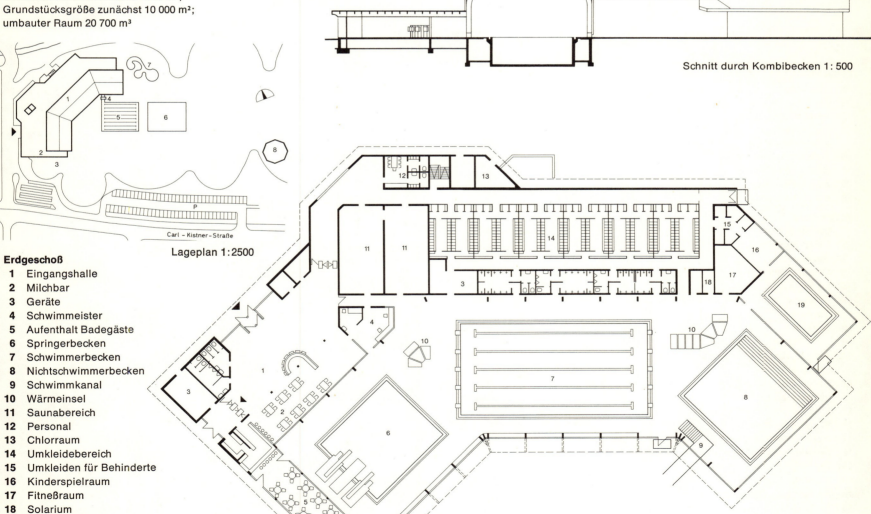

Schnitt durch Kombibecken 1:500

Lageplan 1:2500

Erdgeschoß 1:500

Hallenfreibad in Rotenburg/Wümme

Entwurf W. Schumann und W. Hartig, Hannover
Forschungsprojekt IAB/DlfBSF/DSV
Trotz schwieriger Gründungs-, Grundstücks- und Anbindungsverhältnisse gelungene volle Zusammenfassung des neuen Hallenbadteiles mit bestehendem Freibadteil. Preisentwurf des Architektenwettbewerbs mit nachträglicher Umstellung auf Forschungsprogramm.

Daten Innenraum: Variobecken 12,5 x 25 x 0,6—1,8 (Teilhubboden), 10,6 x 12,5 x 3,80 m Springerbecken, 1—5 m Sprunganlage; Kinder-, Alten- und Behindertenbecken 2,5 x 5 x 0,30—1,35 (Hubboden); Gesamtinnenwasserfläche 460 m², 4 Umkleideeinheiten mit 400 Garderobenschränken, 16 Wechselkabinen, 2 Duschräume mit je 10 Duschköpfen; Fitneßraum; integrierte Doppelsauna; Restauration.
Außenraum: Schwimmerbecken 15 x 50 x 1,8—2,2 m; Nichtschwimmerbecken 25 x 25 m, Springerbecken 12,5 x 12,5 x 4,5 m; Planschbecken 200 m².
Grundstücksgröße 45 000 m²; bebaute Fläche 2500 m²; umbauter Raum 13 000 m³

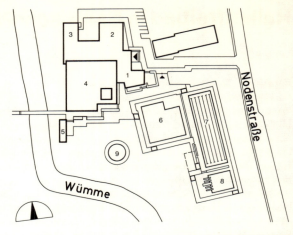

Lageplan 1: 2500

Lageplan
1 Milchbar
2 Sauna
3 Dienstwohnung
4 Schwimmhalle
5 WC-Anlagen
6 Nichtschwimmerbecken
7 Schwimmerbecken
8 Springerbecken
9 Kinderbecken

Erdgeschoß
1 Eingangshalle
2 Chlorräume
3 Sauna
4 Dienstwohnung
5 Umkleidebereich
6 Personalbereich
7 Sanitäter
8 Geräte
9 Fitneßraum
10 Aufenthaltsraum für Badegäste
11 Kinder-, Alten- und Versehrtenbecken
12 Variobecken
13 Springerbecken
14 Schwimmeister
15 Sonnenterrasse
16 Durchgang zum Freibad
17 Milchbar
18 Terrasse für Besucher
19 Terrasse für Freibadgäste
20 Nichtschwimmerbecken
21 Schwimmerbecken

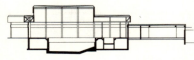

Schnitt 1: 1000

Ansicht 1:1000

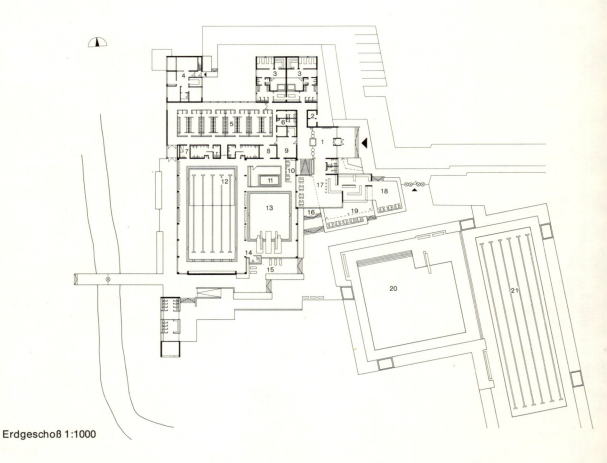

Erdgeschoß 1:1000

Hallenfreibad in Garmisch-Partenkirchen

Entwurf Systembau München
Forschungsprojekt IAB/DIfBSF/DSV
Neben dem Olympischen Eissportzentrum integriertes Hallenfreibad mit 5 Innen- und 3 Außenbecken. Alle technischen Einzelheiten gem. Forschungsprogramm wie z. B. Ozonstufe, Wasserführung, Strahlenturbulenz, Überflutungsrinnensystem Bad Pyrmont usw.
Daten Innenraum: kombiniertes Schwimmer-Wellenbecken 15 x 34 (16,66 m Beckenbreite war nicht mehr zu erreichen), Nichtschwimmerbecken 8 x 16,66 m; Springerbecken mit einfacher 1–5 m Sprunganlage 10,60 x 12,50 m; Kinder-, Alten- und Behindertenbecken 3 x 8 x 1,35 m (Hubboden); Warmbecken 80 m².
Außenraum: Schwimmerbecken 21 x 50 x 2,0 m; Warmbecken 8 x 12,50 x 1,25 m; Kinder-Wasser-Spielgarten 200 m². Das vollintegrierte Hallenfreibad mit Gesamtwasserfläche von 2217 m² und Garderobenschrankkapazität mit 630 Schränken. Dieses Verhältnis gestattet unbegrenzte Badezeit; integrierte Doppelsauna und Fitneßraum leider nicht im Badegeschoß; großzügiges angemessenes Restaurant mit 2 Innen- und 2 Außenbereichen bzw. Terrassen. Bebaute Fläche (Hochbauten) 5150 m²; umbauter Raum (Hochbauten) 39 889 m³; Baukosten 11,5 Mio. DM (ohne Außenbecken, die im 2. Bauabschnitt errichtet werden)

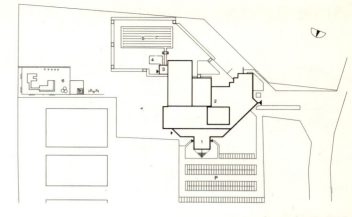

Lageplan 1:3000

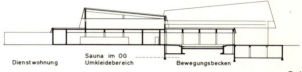

Schnitt 1:1000

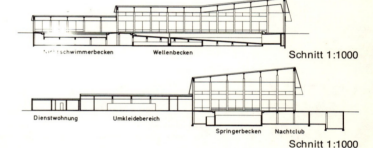

Schnitt 1:1000

Schnitt 1:1000

Lageplan
1 Dienstwohnungen
2 Hallenbad
3 Schleuse – Schwimmkanal
4 Warmbecken
5 Schwimmerbecken
6 Kinderspielplatz

Erdgeschoß
1 Eingangshalle
2 Personalbereich
3 Eingang Restaurant und Nachtclub
4 Restaurant
5 Mantelgarderobe
6 Personalräume
7 Hilfskasse
8 Aufgang zur Sauna
9 Aufgang zur Sauna
10 Abgang zum Fitneßraum
11 Umkleidebereich
12 Dienstwohnung
13 Kinderspielraum
14 Kinder-, Alten- und Versehrtenbecken
15 Schwimmeister
16 Nichtschwimmerbecken
17 Wellen-Schwimmer-Becken
18 Springerbecken
19 Warmbecken
20 Aufenthaltsbereich für Badegäste
21 Solarium
22 Schwimmkanal
23 Außen-Warmbecken
24 Außen-Schwimmerbecken

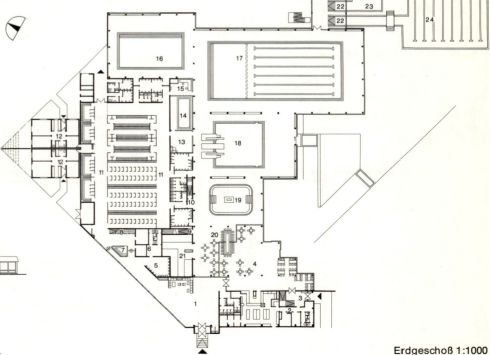

Erdgeschoß 1:1000

Ansicht von Süden 1:1000

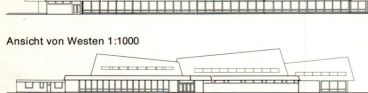

Ansicht von Westen 1:1000

Allwetterbad in Rülzheim

Entwurf K. Richrath, G. Will und M. Grawert, Karlsruhe; Überdachung: Krupp Universalbau. Forschungsprojekt IAB/DlfBSF/DSV Bestandteil eines überörtlichen Freizeitgebietes mit flexibler Rahmenplanung für längerfristigen Gesamtausbau.
Daten Schwimmerbecken 16,66 x 50,0 x 2,0 m; Nichtschwimmerbecken 10 x 16,66 x 1,25 m; diese beiden Becken mit mobiler Überdachung; Außenspringerbecken mit 1–5 m-Sprunganlage; Außennichtschwimmer- und Kinderbecken; 28 Wechselkabinen; 320 Garderobenschränke; 2 Duschräume mit je 10 Duschköpfen; WC-Anlagen.
Wasserfläche (Baggersee); überdeckte Gesamtfläche des Allwetterbades 2080 m²; Inbetriebnahme 1972

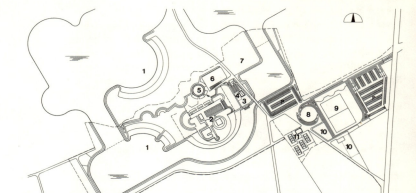

Lageplan 1:10 000

Lageplan
1 Badebucht
2 Freibad
3 Bootshaus
4 Kiosk
5 Freizeithalle
6 Minigolf
7 Haus der Jugend
8 Kinderspielplatz
9 Spielfeld
10 Turnen und Kleinspielfelder
11 Tennisplätze und Clubhaus

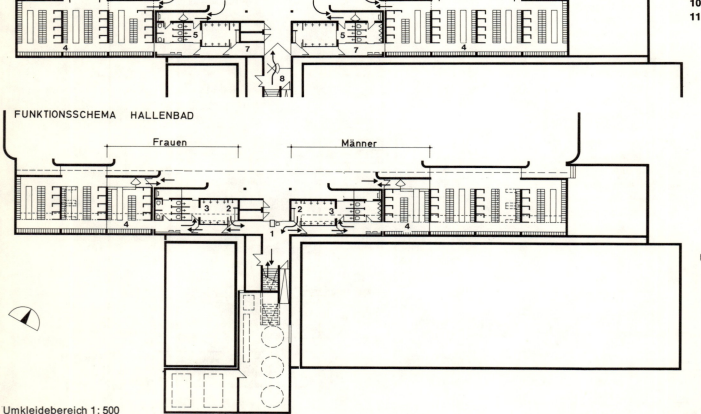

Umkleidebereich 1:500

Umkleiden
1 Kasse
2 Kaltduschen
3 Warmduschen
4 offene Umkleide- und Wechselkabinen
5 Münz-Duschen
6 Alternative: Sammelumkleiden
7 Abstellraum
8 Aufgang, durch Drehkreuz gesperrt

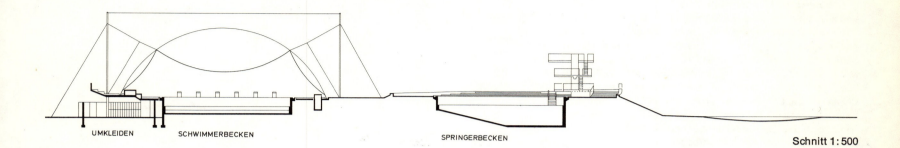

UMKLEIDEN SCHWIMMERBECKEN SPRINGERBECKEN

Schnitt 1:500

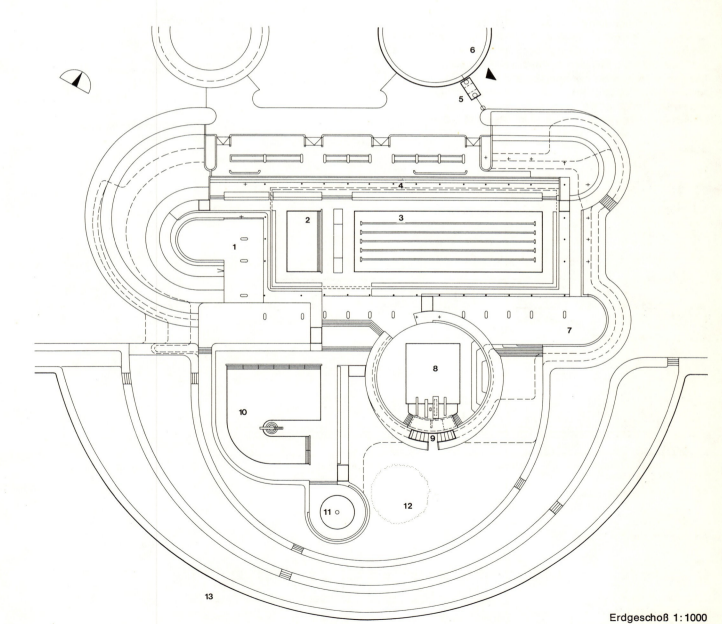

Erdgeschoß
1 Kleinspiele
2 Nichtschwimmerbecken
3 Schwimmerbecken
4 Liegeterrasse
5 Eingangsbereich
6 Café
7 Tischtennis
8 Springerbecken
9 Mutter und Kind
10 Nichtschwimmerbecken
11 Kinderbecken
12 Liegekuhle
13 Baggersee

Erdgeschoß 1:1000

Hallenfreibad in Heide/Holst.

Entwurf H. Akbrecht, Heide
Forschungsprojekt IAB/DIfBSF/DSV
Voll zusammengefaßtes Hallenfreibad für 23 000 eigene und 40 000 Einwohner im gesamten Einzugsgebiet, Einzugsbereichsgröße 5 bzw. 4. Wegen Art und Zusammensetzung des Einzugsbereiches und aus klimatischen Gründen Reduzierung der Außenwasserflächen zugunsten der Innenwasserflächen mit 5 Wasserflächeneinheiten in gerade noch vertretbarem Ausmaß auf 1800 m² Wasserfläche, Innenwasserfläche dafür 998 m². Sonst volles Forschungsprogramm mit guter Zu- und Anordnung. Vorbildliche Lage und Zuordnung der Kinder-Innen- und -außenbereiche

Daten Innenraum: Schwimmerbecken 16,66 x 50 x 0,60–1,80 m (Hubboden) – 2 m, Hubsteg an der 25 m-Marke; Springerbecken 11,75 x 12,50 x 3,80 m mit 1–5m-Sprunganlage; Kinder-, Alten- und Behindertenbecken 4 x 8 x 0,00–1,35 m (Hubboden); Innenwasserfläche 998 m²; 7 (14 halbe) Umkleideeinheiten mit 28 (14) Wechselkabinen und 616 Garderobenschränken; 4 Duschräume mit je 10 Duschköpfen; Fitneßraum; integrierte Doppelsauna.
Außenraum: Nichtschwimmerbecken 30 x 50 x 0,80–1,35 m; Wasserspielgarten 100 m² Wasserfläche; Kinderbecken 200 m²; Außenwasserfläche 1800 m².
Grundstücksgröße 50 000 m²; umbauter Raum 25 000 m³.

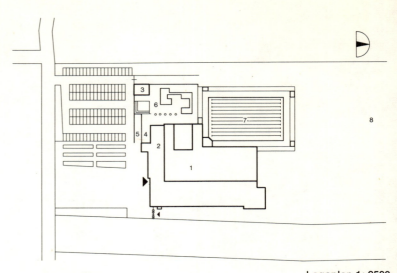

Lageplan

1 Schwimmhalle
2 Milchbar
3 Dienstwohnung
4 Terrasse für Freibadgäste
5 Terrasse für Besucher
6 Kinderspielplatz
7 Nichtschwimmerbecken
8 Liegewiese

Lageplan 1: 2500

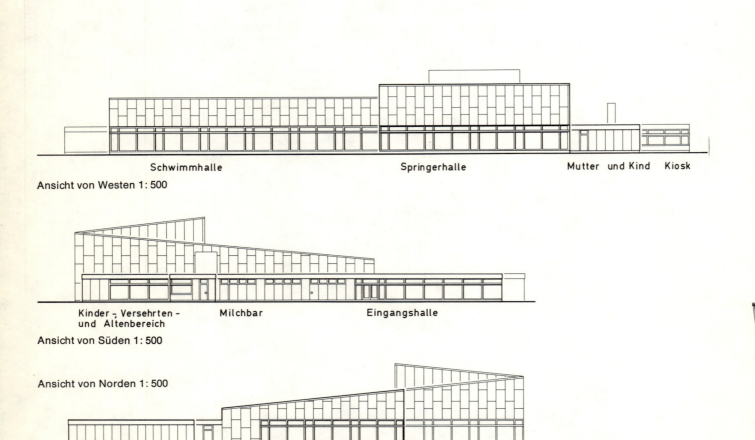
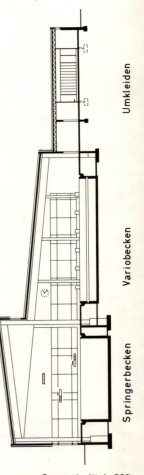

Querschnitt 1: 500

Erdgeschoß

1. Eingangshalle
2. Milchbar für Besucher
3. Schwimmeister
4. Verwaltung
5. Umkleiden für Versehrte
6. Umkleidebereich
7. Sauna
8. Fitneßraum
9. Geräte
10. Variobecken
11. Springerbecken
12. Aufenthaltsraum für Badegäste
13. Kinder-, Alten- und Versehrtenbecken
14. Kinderspielraum
15. Kiosk
16. Terrasse für Freibadgäste
17. Terrasse für Besucher
18. Windfang
19. Nichtschwimmerbecken

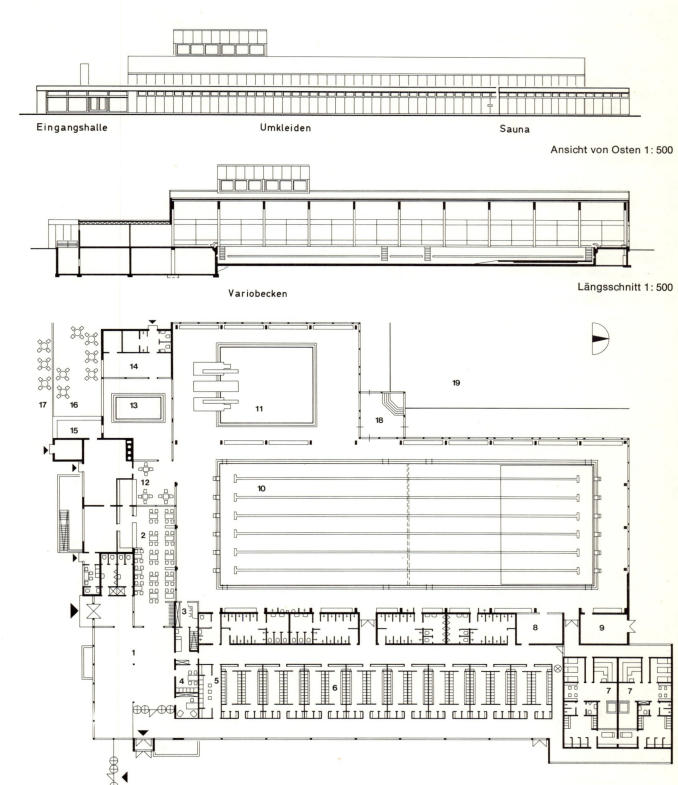

Ansicht von Osten 1:500

Längsschnitt 1:500

Querschnitt 1:500

Erdgeschoß 1:500

Allwetterbad in Regensburg

Entwurf J. Schmatz, A. Schmid, P. Mehr, L. Eckel, Spiegelau, Regensburg
Dachkonstruktion: Frei Otto, Stuttgart
Forschungsprojekt IAB/DIfBSF/DSV
Nach 11monatiger Bauzeit Inbetriebnahme anläßlich des IAB-Weltkongresses Bäder-, Sport- und Freizeitbauten 1972. Großsport- und Freizeitzentrum mit Verbindung künstlicher und natürlicher Wasserflächen. Völlig integriertes Sommer-Winter-Bad. Erstmalig voll ausgebauter neuzeitlicher Bereich Mutter-Kind. Erstes echtes Freizeitbad mit unbegrenzter Badezeit. Schwimmleistungszentrum. Finanzierung der Traglufthülle über Springeraußenbecken noch offen.

Daten Innenraum: Variobecken 21 x 50 x 0,6—1,8 (Teilhubboden) — 3,8 m; 1—5 m-Sprunganlage; Kleinkinder-, Alten- und Behindertenbecken 3 x 6 x 0,0—1,35 m (Hubboden); 8 (16 halbe) Umkleideeinheiten, 32 (16) Wechselkabinen, 864 Garderobenschränke; integrierte Doppelsauna, Aufenthalts- und Ruheräume; Restauration; Tischtennisraum; Solarium; Fitneßraum.
Außenraum: Springerbecken 16,66 x 25 x 5 m, mit kompletter 1—10 m-Sprunganlage (alle Absprungstellen nebeneinander); Nichtschwimmerbecken 1500 m²; Kinderbecken 200 m²
Grundstücksgröße 120 000 m²; umbauter Raum 40 000 m³

Kinderbereich
1 Schwimmhalle
2 Mutter und Kind
3 Kinder-, Alten- und Versehrtenbecken
4 Becken für Säuglinge
5 Kinderspielraum
6 Vereine
7 Sandspielplatz
8 Wasserbecken
9 Wasserspiele
10 Indianer-Spielplatz
11 Modellierplatz
12 Malplatz

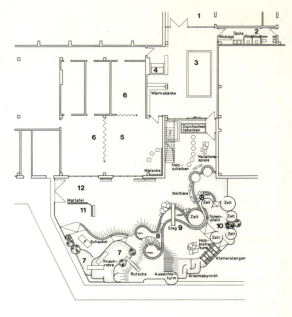

Lageplan
1 Eingangs- und Umkleidegebäude
2 Tribünen und Sportlerumkleiden
3 Allwetterbad
4 Springerbecken
5 Nichtschwimmerbecken
6 Kinderbereich
7 Grundwassersee
8 Donau
9 Ruderzentrum
10 Campingplatz

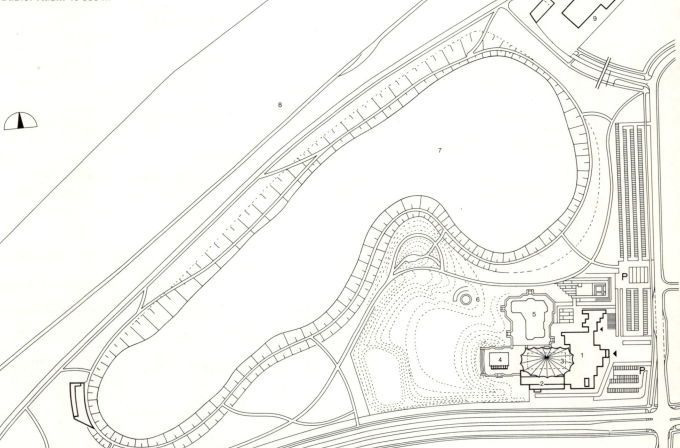

Lageplan 1:5000

Erdgeschoß

1. Eingangshalle
2. Verwaltung
3. Sauna
4. Technik
5. Umkleidebereich
6. Vereine
7. Außengeräte
8. Tischtennis
9. Geräte
10. Schwimmeister
11. Solarium
12. Fitneßraum
13. Mutter und Kind
14. Kinder-, Alten- und Versehrtenbecken
15. Kinderspielraum und Kampfrichter
16. Erfrischungsraum und Kinderspielraum
17. Kinderspielplatz
18. Ruheraum
19. Umkleiden für Sportler
20. Kampfrichter
21. Aufwärmraum für Springer
22. Variobecken
23. Springerbecken
24. Nichtschwimmerbecken

Obergeschoß

1. Restaurant für Besucher
2. Küche
3. Restaurant für Badegäste
4. Presse
5. Kommentator-Kabinen
6. Tribüne

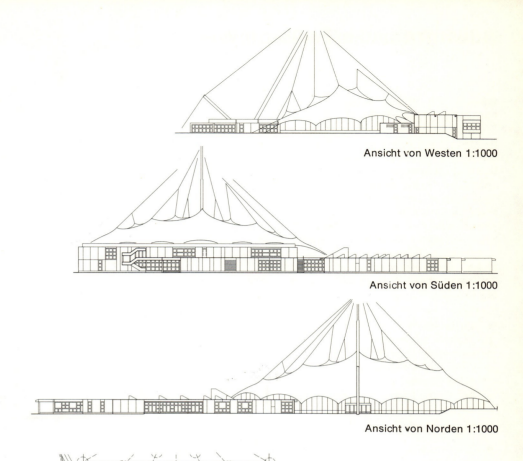

Ansicht von Westen 1:1000

Ansicht von Süden 1:1000

Ansicht von Norden 1:1000

Obergeschoß 1:1000

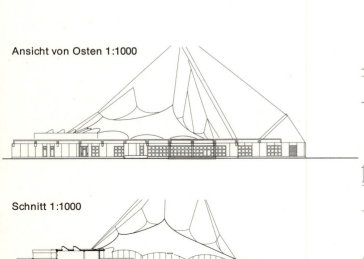

Ansicht von Osten 1:1000

Schnitt 1:1000

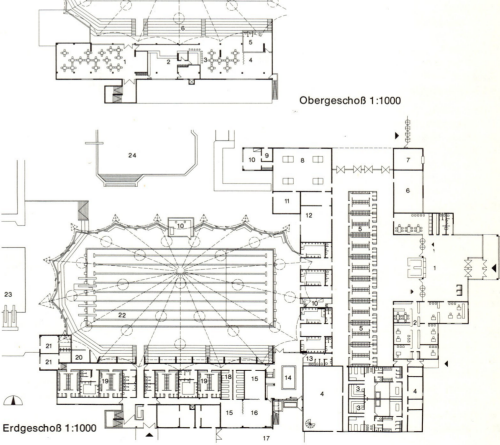

Erdgeschoß 1:1000

Hallenfreibad in Freiburg-West

Entwurf H. D. Hecker, Freiburg
Forschungsprojekt IAB/DIfBSF/DSV
Zentrales Hallenbad mit 6 Wasserflächeneinheiten innerhalb der Regional- und Stadtplanung für 50 000 Einwohner und 274 Schulklassen.

Daten Schwimmerbecken 21 x 50 m, teilbar durch fahrbare Startbrücke in 2 x 21 x 25 m-Teile; Springerbecken 17,5 x 15 m mit 1–10 m-Sprunganlage; Gesamtwasserfläche 1512 m²; Tribünenplätze für 500 Zuschauer; Nichtschwimmerbecken 10 x 16,66 m; Kinder-, Alten- und Behindertenbecken 4 x 8 x 0,0–1,35 m (Hubboden); 8½ Umkleideeinheiten; Duscheinheiten; integrierte Doppelsauna; Spiel- und Trainingsräume; Gesamtwasserfläche 1512 m²; Freibadteil wird später voll ausgebaut.
Bebaute Fläche 4800 m²; umbauter Raum 40 160 m³; Baukosten 14,4 Mio. DM

Lageplan
1 vorhandene Turnhalle
2 geplante Sporthalle
3 Hallenbad
4 Umkleiden — Freibad
5 Schwimmbecken
6 Springerbecken
7 Liegewiese
8 Kinderspielplatz mit Kinderbecken
9 Sportplätze

Erdgeschoß
1 Eingangshalle
2 Verwaltung
3 Milchbar
4 Terrasse
5 Zuschauertribüne
6 bepflanzte Dachfläche

Untergeschoß
1 Umkleidebereich
2 Umkleide-Sanitäreinheit für Sauna
3 Saunabereich
4 Kleingeräte
5 Luftraum — Technik
6 Sanitäter
7 Nichtschwimmerbecken
8 Kinder-, Alten- und Versehrtenbecken
9 Spielraum
10 Schwimmeister
11 Wettkampfbüro
12 Variobecken
13 Startbrücke
14 Springerbecken
15 Tischtennis
16 Solarium
17 Fitneßraum
18 Geräte
19 vorhandene Turnhalle
20 geplante Sporthalle
21 vorhandenes Freibad

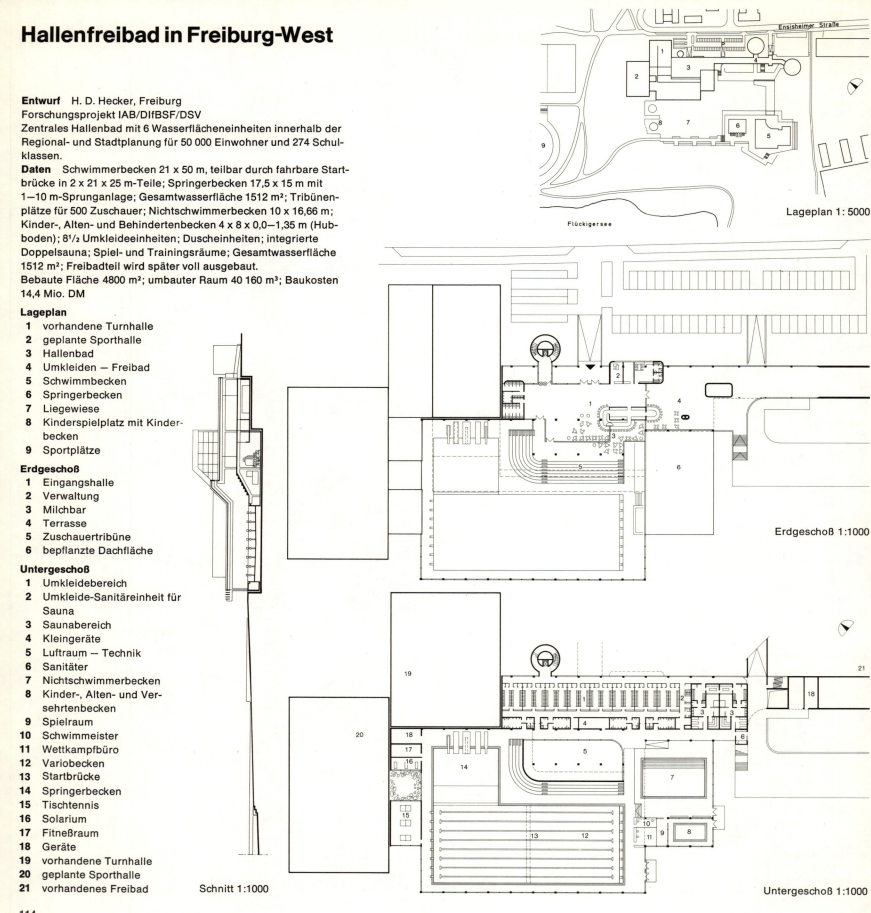

Lageplan 1:5000
Flückigersee
Erdgeschoß 1:1000
Schnitt 1:1000
Untergeschoß 1:1000

Freizeitzentrum Revierpark Nienhausen

Entwurf Arb.-Gem. F. Flöttmann und H. H. Eckebrecht
Lage im Südwesten der Stadt Gelsenkirchen und im Nordosten der Stadt Essen. Das Bauvorhaben gliedert sich in folgende Trakte: a) freie Park- und Spielwiese: Freizeithaus, Dienstwohnungen und Kinderhort, Konzertpavillon mit Erfrischungsstand; b) Badezone, Kühlwettereinheit mit Technik, Schönwettereinheit mit Sanitärräumen.
Daten Freizeithaus: Zentrale Kleiderabgabe, Verwaltungsbereich, Geräteausgabe nach drinnen und draußen, Gruppenraumbereich mit Leseraum, Werkraumbereich mit großem Werk- und Bastelraum, Fotoatelier, Umkleidebereich, Saalbereich, Allzwecksaal für ca. 220 Personen, Getränkebar.

Badezone: Konditionsraum mit Trimmgeräten, Duschraum, WC und Sammelumkleideräumen, Umkleideeinheit mit Schrankgarderoben und Wechselkabinen; Ausschwimmhalle Schwimmbecken 8 x 16,66 x 0,80–1,25 m mit Flutungsmöglichkeit auf 1,30–1,75 m; Schwimmkanal zum Außen-Schwimmerbecken; Wärmehalle; Liegeraum und Restauration.
Schönwettereinheit: Gruppenumkleideräume, Schrankgarderobenblocks; Einrichtung für Mütter mit Kleinstkindern; Schwimmerbecken 21 x 50 x 1,80; Springerbecken 14,50 x 13,60 x 1,80–3,95 m mit 1–5 m-Sprunganlage; Kombi- und Wellenbecken 13–30 x 46 x 0,0–2 m; Nichtschwimmerbecken 734 m²; Wassertiefen 0,60–1,25 m.

Lageplan
1 Umkleidegebäude, Bauteil E
2 Umkleidegebäude, Bauteil D
3 Schwimmhalle, Bauteil C
4 Schwimmerbecken
5 Springerbecken
6 Wellenbecken
7 Nichtschwimmerbecken
8 Freizeitgebäude, Bauteil A
9 Bauteil B
10 Bauspielplatz
11 Wasserspielplatz
12 Promenadenbereich
13 Spielfelder
14 Spielhügel
15 Rodelberg
16 Robinson-Spielplatz
17 Rollschuhbahn
18 Spielfelder
19 Tennisplätze
20 Gerätespielplatz
21 Gondelteich
22 Kinderautobahn
23 Ponyställe
24 Minigolf
25 Buggy-Bahn

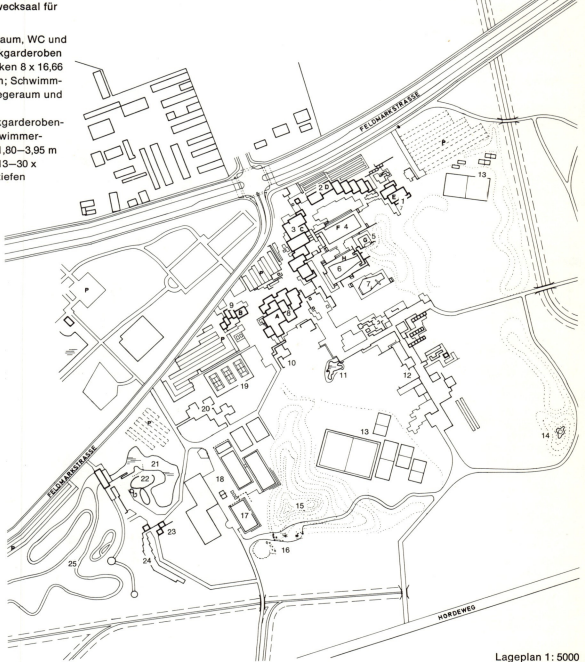

Lageplan 1 : 5000

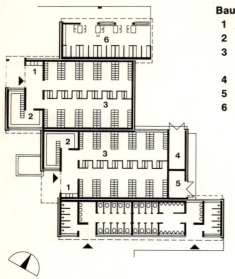

Bauteil E 1:500

Bauteil E
1. Fußwaschstellen
2. Sammelumkleiden
3. Umkleidekabinen mit Schränken
4. Abstellraum
5. Geräte
6. Dauerkabinen

Freizeithaus, Untergeschoß
1. Stuhllager
2. Werkstatt
3. Lüftung
4. Lager für Restaurant
5. Personalbereich

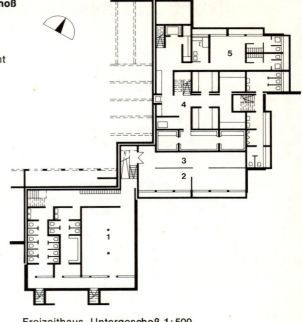

Freizeithaus, Untergeschoß 1:500

Freizeithaus, Bauteil A, Erdgeschoß
1. Kiosk
2. Werkraum
3. Gruppenraum
4. Leseraum
5. Lesegarten
6. Umkleiden
7. Saal
8. Mehrzweckraum
9. Verwaltung
10. Selbstbedienungsrestaurant
11. Restaurant
12. Getränkebar

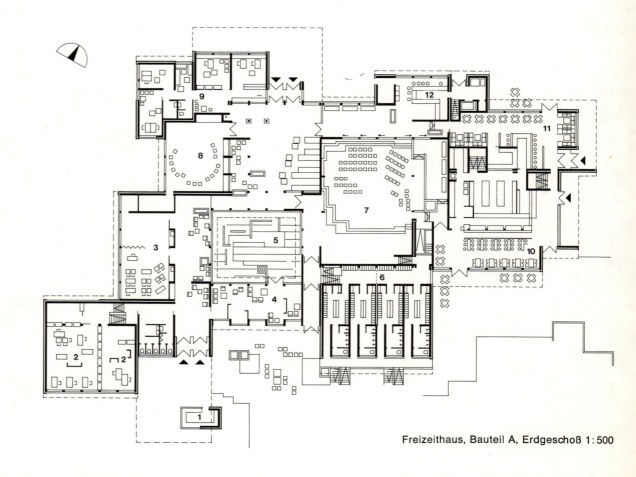

Freizeithaus, Bauteil A, Erdgeschoß 1:500

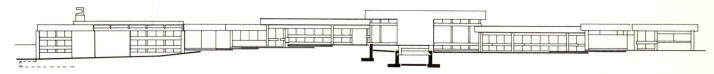

Ansicht von Nordosten 1:500

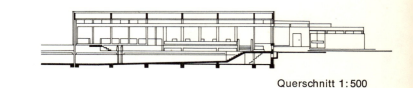

Querschnitt 1:500

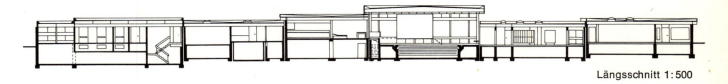

Schnitt Bauteil D 1:500

Längsschnitt 1:500

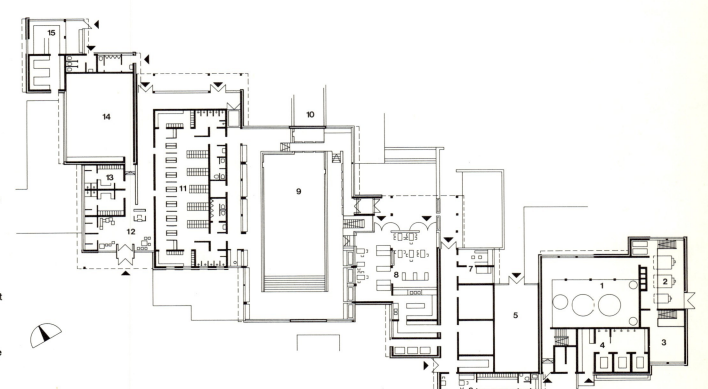

Freibad, Bauteil C
1 Wasseraufbereitungsanlage
2 Heizung
3 Verteilung
4 Elektro-Anlage
5 Geräte
6 Personalbereich
7 Schwimmeister
8 Selbstbedienungsrestaurant für Freibadgäste
9 Schwimmhalle
10 Schwimmkanal
11 Umkleiden – Schwimmhalle
12 Eingangshalle
13 Umkleiden – Fitneßraum
14 Fitneßraum
15 Verkauf und Verleih

Freibad, Bauteil C 1:500

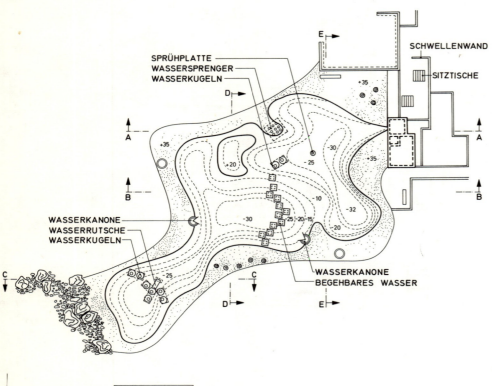

Wasserspielplatz 1:500

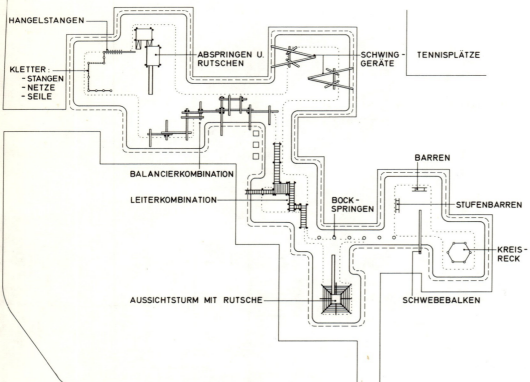

Gerätespielplatz 1:500

Freizeitzentrum Hachioji/Japan

Hauptbestandteil des Freizeitzentrums ist die „Sommerlandhalle"; vielseitiges Programm mit einem großen Kinderspielplatz; mehrere Restaurationen; Hochbahn mit Überblick über das gesamte Freizeitgelände; verschiedene Kinderautobahnen; Freibad; Tierpark; Gondelreich; Angelteich und Panoramahaus mit Spiegelsaal; vom Freizeitgelände aus sind Wanderwege erschlossen.
Daten Sommerlandhalle: Grundfläche 81 x 114 m, größte Höhe 25 m; im Nebenraumtrakt Eingangshalle, Umkleideräume, Sanitärräume, Aufenthaltsräume, Restaurationen, Theater, Kneippräume, Sauna und mehrere Läden; Hallenraum mit Wellenbecken; Bühne mit Zuschauerplatz; „Urwald-Gondelkanal"; Geisterbahn; Trampolinplatz und weitere Einrichtungen für Sport und Spiel; 12 000 tropische Pflanzen in 1000 verschiedenen Arten; Baukosten für die Halle 25 Mio DM.

Lageplan 1:5000

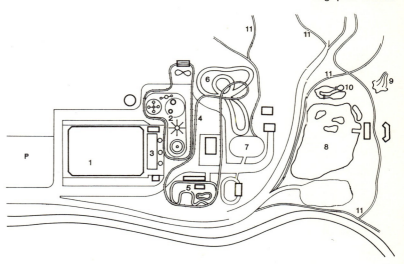

Erdgeschoß 1:2000

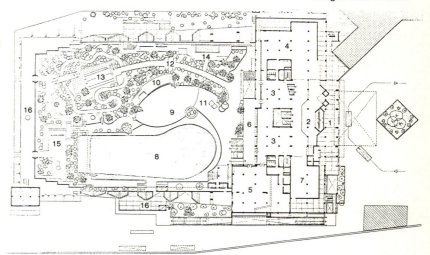

Kellergeschoß 1:2000

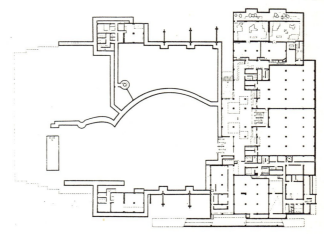

Lageplan
1 Sommerlandhalle
2 Kinderspielplatz
3 Freibad
4 Hochbahn
5 Kinderautobahn
6 Gocartbahn
7 Tierpark
8 Gondelteich
9 Wasserfall
10 Angelteich
11 Wanderwege

Erdgeschoß
1 Windfang
2 Eingangshalle und Kasse
3 Vorhalle
4 Läden
5 Restaurant
6 Galerie
7 Aufenthaltsraum
8 Wellenabd
9 Zuschauer
10 Bühne
11 Trampolin
12 Palmenweg
13 Verkaufspavillon, Chinahaus
14 Geisterbahn
15 Spielplatz
16 Schwimmeister

1. Obergeschoß
1 Restaurant
2 Verkaufsraum
3 Bühne
4 Mieträume
5 Spielplatz

2. Obergeschoß
1 Bühne
2 Zuschauerraum
3 Erweiterung Zuschauerraum
4 Umkleiden und Sanitärräume

3. Obergeschoß
1 Aufenthaltsräume und Toilettenanlagen

Schnitt 1:2000

Schnitt 1:2000

Ansicht 1:2000

Schnitt 1:2000

Ansicht 1:2000

Schnitt 1:2000

Ansicht und Schnitt 1:2000

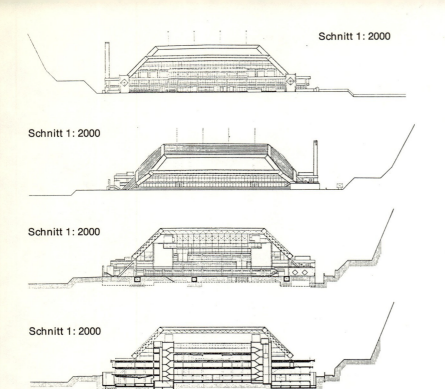

Dachaufsicht 1:2000

2. Obergeschoß 1:2000

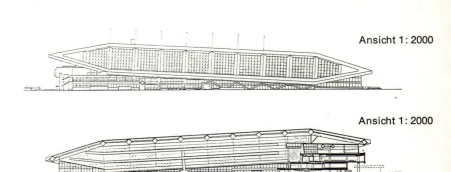

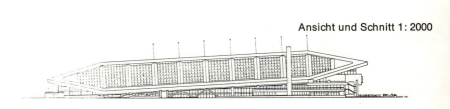

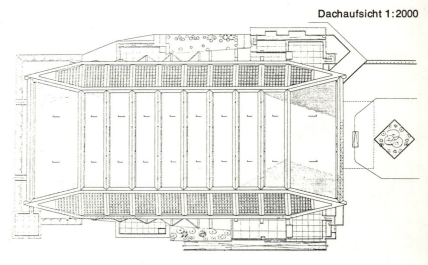

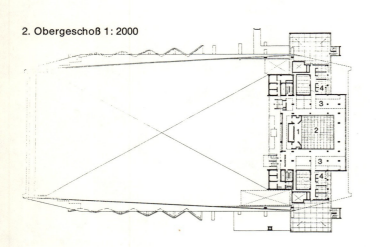

1. Obergeschoß 1:2000

3. Obergeschoß 1:2000

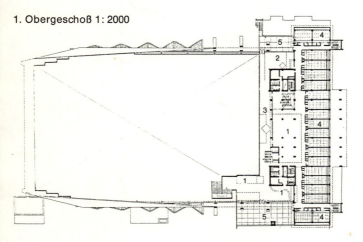

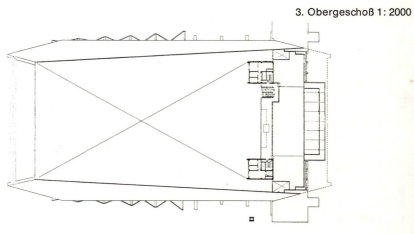